基督教文化研究丛书

主编 何光沪 高师宁

八编 第 **14** 册

《天主實義》漢意英三語對觀（下）

利瑪竇 著 梅謙立 漢注
孫旭義、奧覓德、格萊博基 譯

花木兰文化事业有限公司

國家圖書館出版品預行編目資料

《天主實義》漢意英三語對觀（下）／利瑪竇 著、梅謙立
漢注；孫旭義、奧覓德、格萊博基 譯 -- 初版 -- 新北市：花
木蘭文化事業有限公司，2022〔民 111〕
目 2+160 面；19×26 公分
（基督教文化研究叢書 八編 第 14 冊）
ISBN 978-986-518-703-3（精裝）
1.CST：天主實義 2.CST：天主教 3.CST：神學
240.8   110022056

ISBN-978-986-518-703-3

基督教文化研究叢書
八編　第十四冊　　　　　　　　ISBN：978-986-518-703-3

《天主實義》漢意英三語對觀（下）

作　　者　利瑪竇　漢注 梅謙立　譯者 孫旭義、奧覓德、格萊博基
主　　編　何光滬　高師寧
執行主編　張　欣
企　　劃　北京師範大學基督教文藝研究中心
總 編 輯　杜潔祥
副總編輯　楊嘉樂
編輯主任　許郁翎
編　　輯　張雅淋、潘玟靜、劉子瑄　美術編輯　陳逸婷
出　　版　花木蘭文化事業有限公司
發 行 人　高小娟
聯絡地址　台灣 235 新北市中和區中安街七二號十三樓
　　　　　電話：02-2923-1455／傳真：02-2923-1452
網　　址　http://www.huamulan.tw 信箱 service@huamulans.com
印　　刷　普羅文化出版廣告事業
初　　版　2022 年 3 月
定　　價　八編 16 冊（精裝）台幣 45,000 元

《天主實義》漢意英三語對觀（下）

利瑪竇 著　梅謙立 漢注
孫旭義、奧覓德、格萊博基 譯

目次

Chapter 7: A treatise on the basic goodness of human nature and the rthodox doctrine of those faithful to the Lord of Heaven

第七篇　論人性本善，而述天主門士正學

Capitolo VII: Un trattato sulla fondamentale bontà della natura umana e sulla dottrina ortodossa dei fedeli del Signore del Cielo

421.

The Chinese Scholar says: First, I was helped by you to understand that the Lord of Heaven is the worthiest of veneration, the father of one thousand million people; from all that I have understood that I must rightly admire and love Him forever. Then, you made me comprehend that the human soul is not destroyed after death, and now I am aware that this world is only a temporary home, not to be considered too important. After which, I heard that whoever does good ascends to Heaven, where all those who have decided to practise virtue serve the Supreme Ruler, and share the company of the angels and saints. Furhermore there is Hell, where those who have obstinately turned their heart to evil are punished for ten thousand generations, without ever being able to escape. I would now like to question you about the right way to serve the Lord of Heaven. According to our Confucian teachings the cultivation of the Way consists in following human nature. If human nature were good, could that be wrong ? If, however, human nature were not entirely good, it would be unreliable. And so, what is to be done ?

中士曰：先辱示以天主為兆民尊父，則知宜慕愛。次示人類靈魂，身後不滅，則知本世暫寄，不可為重。復聞且有天堂，為善者昇焉，居彼已定心修德，以事上帝[1]，與神人[2]為侶；況有地獄，居彼已定心不改惡，以受刑殃，致萬世不可脫也。[3]茲欲詢事天主正道。夫吾儒之學，以率性為修道，設使性善，則率之無錯；若或非盡善，性固不足恃也，奈何？[4]

Il Letterato Cinese dice: Prima di tutto, sono stato aiutato da Lei a comprendere che il Signore del Cielo è il più degno di venerazione, padre di mille miliardi di uomini; da tutto ciò ho capito che devo giustamente ammirarLo

---

1 上帝，FJ 本作「天主」。

2 指天使。

3 透過中士的敘述，我們可以看出《天主實義》的結構：先論天主，然後論普世倫理學，這裡談實踐倫理學。

4 此指孟子和荀子的性善性惡之論。「以率性為修道」指《孟子》、《中庸》的自然主義（《中庸》：「天命之謂性，率性之謂道，修道之謂教」）。「非盡善，性固不足恃」指荀子的思路。從 421 至 439 的文字來源於利瑪竇在南京與洪恩及其他知識分子的辯論。在哪裏

e amarLo sempre. Poi Lei mi ha fatto comprendere che l'anima dell'uomo non si distrugge dopo la morte, e sono ora consapevole che questo mondo è solo una dimora temporanea, da non considerare troppo importante. Dopodiché ho sentito che chi agisce bene sale in paradiso, dove tutti coloro che hanno deciso di praticare la virtù servono il Sovrano Supremo, e sono in compagnia degli angeli e dei santi. Inoltre esiste l'inferno, dove coloro che hanno ostinatamente rivolto il loro cuore al male sono puniti per diecimila generazioni, senza mai poter fuggire. Vorrei ora interrogarLa sul retto modo di servire il Signore del Cielo. Secondo i nostri insegnamenti confuciani la pratica della Via consiste nel seguire la natura umana; se essa fosse buona, sarebbe forse sbagliato ? Se essa però non fosse totalmente buona, sarebbe inaffidabile. E allora, che cosa si dovrebbe fare ?

422.

The Western Scholar replies: I have read many Confucian books dealing with human nature, but I have never found any unanimity of opinion; the same Confucianism frequently displays opposite doctrines. If those who know things cannot know man, then their knowledge cannot be true knowledge.

西士曰：吾觀儒書，嘗論性情，而未見定論之訣，故一門之中恒出異說。知事而不知己本，知之亦非知也。

Il Letterato Occidentale replica: Ho letto molti libri confuciani che parlano della natura umana, ma non ho mai trovato un'opinione unanime; nello stesso confucianesimo appaiono frequentemente dottrine opposte. Se chi conosce le cose non è in grado di conoscere l'uomo, allora questo sapere non può essere il vero sapere.

423.

In order to understand if human nature is fundamentally good or not, one should first clarify what nature is, and what good and evil are. Nature is nothing else but the necessary essence of each species:[5] "of each species" means that beings of the same species have the same nature, and beings of different species

---

5　See *STh*, III, 2, 1.

have different natures; "necessary" means that all which is characteristic of several species cannot be the nature of a single species; "essence" means that everything which is not part of the essence of a being is beyond its nature. In the case of substances, their natures are independent; in the case of accidents, their natures are also dependent.

欲知人性其本善耶，先論何謂性，何謂善惡。夫性也者非他，乃各物類之本體耳。[6]曰各物類也，則同類同性，異類異性。曰本也，則凡在別類理中，即非茲類本性。曰體也，則凡不在其物之體界內，亦非性也。但物有自立者，而性亦為自立；有依賴者，而性兼為依賴。

Volendo comprendere se la natura umana sia fondamentalmente buona oppure no, si dovrebbe prima chiarire che cosa sia la natura, e che cosa siano il bene e il male. La natura non è altro che l'essenza necessaria di ogni specie:[7] "di ogni specie" significa che esseri della stessa specie hanno la stessa natura, ed esseri di specie diverse hanno nature diverse; "necessaria" significa che tutto ciò che è caratteristico di più specie non può costituire la natura di una specie sola; "essenza" significa che tutto ciò che non fa parte dell'essenza di un essere non rientra nella sua natura. Nel caso delle sostanze, anche le loro nature sono indipendenti; nel caso degli accidenti, sono dipendenti anche le loro nature.

424.

All that is lovable and desirable is called "good," and all that is detestable and hateful is called "evil."[8] Once these definitions have been understood, one may discuss whether human nature is good or not.

可愛可欲謂善，可惡可疾謂惡也。通此義者，可以論人性之善否矣。[9]

6　參見《神學大全》第三集 2 題 1 節（第十三冊，第 23 頁）：「我們現在即是如此討論『性』以性指物的本質，或者一物之『是什麼』或者物種或別類之物性（quidditas）。」

7　Cf. *STh*, III, 2, 1.

8　See *STh*, I, 5, 1.

9　這是亞里士多德及士林哲學關於善惡的定義。參見《尼各馬克倫理學》I；也參見《神學大全》第一集 80 題 1 節（第三冊，第 108 頁）：「《倫理學》卷一第一章說，善乃是『一切東西或萬物所欲者。』」這個定義類似於《孟子·盡心下》：「可欲之謂善」。

Tutto ciò che è amabile e desiderabile è definito "bene", e tutto ciò che è detestabile e odioso è definito "male"[10] Una volta comprese queste definizioni, si può discutere se la natura umana sia buona oppure no.

425.

Western scholars define "man" in the following manner: "a living being endowed with perception and reason."[11] "Living being" distinguishes him from metals and stones; "endowed with perception" distinguishes him from plants; "endowed with reason" distinguishes him from animals; discursive "reason" – not intuitive intellect – distinguishes him from spirits. Spiritual beings have a deep and thorough intuition of the principles of things, as if they see them in a mirror; they have no need of discursive reasoning.[12] Human beings must instead reason to understand, and to find out what is hidden; they employ what is already known to deduce what is not yet known. We therefore say it is the faculty of reasoning to determine the species proper to man; we call his essence "human nature," because it is different from that of all other beings. Benevolence, righteousness, respect, wisdom come exclusively from the use of reason.

西儒說人，云是乃生覺者，能推論理也。曰生，以別於金石；曰覺，以異於草木；曰能推論理，以殊乎鳥獸；曰推論，不直曰明達，又以分之乎鬼神。鬼神者，徹盡物理，如照如視，不待推論[13]；人也者，以其前推明其後，以其顯驗其隱，以其既曉及其所未曉也，故曰能推論理者。立人於本類，而別其體於他物，乃所謂人性也。仁義禮智，在推理之後也。[14]

I letterati occidentali definiscono così l' "uomo": "un essere vivente dotato di percezione e di ragione"[15] "Essere vivente", lo distingue dai metalli e pietre;

---

10 Cf. *STh*, I, 5, 1.
11 Attributed to Aristotle (see *Nicomachean Ethics*, I, 13, 1102b-1103a), the definition of man as a "rational animal" is a commonplace of scholastic philosophy.
12 See *STh*, I, 58, 5.
13 參見《神學大全》第一集 58 題 5 節（第二冊，第 161 頁）：「天使的理解，並不是藉著綜合與分析，而是藉著理解『它是什麼。』」
14 利瑪竇闡述了中西人生觀的不同。跟著亞里士多德及阿奎那，利瑪竇說明人的特徵即理性。相反，儒家認為，人的特徵是「仁義禮智。」
15 Attribuita ad Aristotele (cf. *Etica Nicomachea*, I, 13, 1102b-1103a), la definizione di

"dotato di percezione", lo distingue dalle piante; "dotato di ragione", lo distingue dagli animali; "ragione" discorsiva – non intelletto intuitivo –, lo distingue dagli spiriti. Gli esseri spirituali intuiscono profondamente e completamente i princìpi delle cose, come se li vedessero in uno specchio; a loro non serve il ragionamento discorsivo.[16] Gli esseri umani invece debbono ragionare per comprendere, e per trovare ciò che è nascosto; essi usano ciò che già sanno per dedurre ciò che ancora non sanno. Per questo motivo diciamo che è la facoltà di ragionare a determinare la specie propria dell'uomo; chiamiamo la sua essenza "natura umana", perché è diversa da quella di tutti gli altri esseri. Benevolenza, rettitudine, rispetto, saggezza provengono soltanto dall'uso della ragione.

426.

Reason is an accident in itself, and does not coincide with human nature.[17] In ancient times people were in disagreement whether human nature is good or not; but who can doubt that reason is good ? Mencius says: "Human nature is different from that of cows and dogs."[18] A commentator of his says: "Man received nature in all its integrity, while animals obtained it in a partial way." But reason is only one, and is not partial: hence, the sages of ancient times did not identify it with nature.

理也,乃依賴之品,不得為人性也。[19]古有岐人性之善否,誰有疑理為有弗善者乎?孟子曰:「人性與牛犬性不同。」[20]解者曰:「人得性之

---

uomo come *animal rationale* è un luogo comune della filosofia scolastica. Cf. *STh*, I-II, 1, 1.

16 Cf. *STh*, I, 58, 5.

17 See *STh*, I, 79, 2.

18 *Mencius*, VI, I, IV, 2.

19 參見《神學大全》第一集 79 題 2 節(第三冊,第 79 頁):「該說智慧是靈魂的一種機能,而不是靈魂的本質。」

20 見《孟子・告子上》:「告子曰:『生之謂性。』孟子曰:『生之謂性,猶白之謂白與?』曰:『然。』『白羽之白也,猶白雪之白;白雪之白,猶白玉之白與?』曰:『然。』『然則犬之性猶牛之性,牛之性猶人之性與?』」從生物學的角度,告子看不到人與動物之間存在任何區別。孟子同意這個觀念,不過,對他而言,與動物不同,人的本性也包括道德情感。

正，禽獸得性之偏也。」[21]理則無二無偏，是古之賢者，固不同性於理矣。[22]

La ragione in se stessa è un accidente, e non coincide con la natura umana.[23] Nei tempi antichi si era in disaccordo se la natura umana fosse buona o meno; ma chi può dubitare che la ragione sia buona ? Mencio dice: "La natura umana è diversa da quella dei buoi e dei cani"[24] Un suo commentatore dice: "L'uomo ha ricevuto la natura in tutta la sua integrità, mentre gli animali l'hanno ottenuta in modo parziale" Ma la ragione è una sola, e non è parziale: perciò i saggi dei tempi antichi non la identificavano con la natura.

427.

After explaining all this, I can answer your question: human nature is good or not ? The essence and the passions of human nature are created by the Lord of Heaven, and if we ensure that reason should be the master of them, then they will be lovable, desirable and essentially good, not evil.

釋此，庶可答子所問人性善否歟？若論厥性之體及情，均為天主所化

---

21 原文出處不明。朱熹在《孟子章句》中就孟子的這段討論解釋道，「然以氣言之，則知覺運動，人與物若不異也；以理言之，則仁義禮智之稟，豈物之所得而全哉？」，在《朱子語類》卷五十九「生之謂性章」中，朱子更明言：「孟子當時辨得不恁地平鋪，就他藏處撥啟他；卻一向窮詰他，止從那一角頭攻將去，所以如今難理會。若要解，煞用添言語；犬、牛、人，謂其得於天者未嘗不同。惟人得是理之全，至於物，止得其偏。今欲去犬牛身上全討仁義，便不得。告子止是不曾分曉道這子細，到這裡說不得。」（參見《朱子語類》，北京：中華書局，1994 年版，第 1376 頁）。類似的說法還有「人得氣之正，物得氣之偏」（《性理大全》卷二十九《性理一・人物之性》；陳淳（1159～1223）《北溪字義》）。當然，利瑪竇沒有提出「氣」，因為對他而言，並不是氣而是靈魂決定了人的本性。參見上文 271。

22 利瑪竇此語尚為公允，錢穆也曾指出，「孔孟書中並不見有性即理也之語」，此為朱子繼伊川之發揮，雖本孟子性善說，而有道家精義在（參見錢穆：《朱子學提綱》，北京：生活・讀書・新知三聯書店，2002 年版，第 41 頁）。利瑪竇直接攻擊理學。跟著二程，朱熹說過：「性即理也。」利瑪竇認為，「理」是人類特有的，無法用不同程度的「理」來區分人與動物。利瑪竇把「理」理解為心理活動，沒有理解到「理」的形而上的維度。對利瑪竇而言，「理」是好的，不過，它只是一個工具而已，可以被正確或不正確地運用，因此，不能構成人性。

23 Cf. *STh*, I, 79, 2.

24 *Mencio*, VI, I, IV, 2.

生，而以理為主，則俱可愛可欲，而本善無惡矣。

Dopo aver spiegato tutto questo, posso rispondere alla Sua domanda: la natura umana è buona oppure no ? L'essenza e le passioni della natura umana sono create dal Signore del Cielo, e se facciamo sì che la ragione le domini, allora esse saranno amabili, desiderabili ed essenzialmente buone, non cattive.

428.

If instead we speak of intentions, then everything depends on us. We can be lovable, but we can also be hateful, because our behaviour is variable; it is not always good or evil, and here passions come into play.

至論其用，機又由乎我，我或有可愛、或有可惡，所行異，則用之善惡無定焉，所為情也。[25]

Se parliamo invece delle intenzioni, allora tutto dipende da noi. Possiamo essere amabili, ma possiamo anche essere odiosi, perché il nostro comportamento è mutevole; quindi non è sempre buono o cattivo, e a questo punto entrano in gioco le passioni.

429.

If human nature were not wounded, it would obey reason without rebelling, and evil would not exist.[26] But passions are the feet of human nature, and they are frequently ill; therefore, one must not only follow one's own desires, without wondering what the dictates of reason are. When the body is healthy, sweet foods have a sweet taste, and bitter foods have a bitter taste; it sometimes happens, however, that when one falls ill, sweet foods taste bitter, and bitter foods taste sweet. Because our nature is sick, coming into contact with things we receive a wrong impression, which does not follow reason; our love and our hatred, our discernment between right and wrong are seldom right and true. Nevertheless, human nature was originally good, and we cannot say that it was

---

25 利瑪竇以「體用」區分人性的善與道德的善。參見《中國傳教史》（臺北：光啟出版社），315 頁：「因了中國人沒有邏輯學，也不會區分道德上的惡與自然界的惡，以及人性中先天的與後天的因素。」

26 See *STh*, I-II, 19, 3.

not; as it has the use of reason, its "innate ability" always exists, and one can use it to recognize one's own disease and to effect a recovery.

夫性之所發，若無病疾，必自聽命於理，無有違節，即無不善。[27]然情也者，性之足也[28]，時著偏疾者也，故不當壹隨其欲，不察於理之所指也。身無病時，口之所啖，甜者甜之，苦者苦之；乍遇疾變，以甜為苦，以苦為甜者有焉。性情之已病，而接物之際，惧感而拂於理，其所愛惡、其所是非者，鮮得其正，鮮合其真者。然本性自善，此亦無碍於稱之為善。蓋其能推論理，則良能常存；可以認本病，而復治療之。[29]

Se la natura umana non fosse ferita obbedirebbe alla ragione senza ribellarsi, e il male non esisterebbe.[30] Ma le passioni sono i piedi della natura umana, e sono frequentemente malati; non bisogna, quindi, seguire unicamente i propri desideri, senza chiedersi quali siano i dettami della ragione. Quando il corpo è sano, i cibi dolci hanno un gusto dolce, e quelli amari hanno un gusto amaro; talvolta accade, però, che quando ci si ammala i cibi dolci risultino amari, e quelli amari dolci. Poiché la nostra natura è malata, entrando in contatto con le cose noi ne ricaviamo un'impressione errata, che non segue la ragione; il nostro amore e il nostro odio, il nostro discernimento tra il giusto e lo sbagliato raramente sono retti e veri. Ciononostante la natura umana era originariamente buona, e non possiamo affermare che non lo fosse; poiché ha l'uso della ragione, la sua "abilità innata" esiste sempre ed è possibile servirsene per riconoscere la malattia e provvedere alla cura.

---

27 參見《神學大全》第二集第一部 19 題 3 節（第四冊，第 206 頁）：「意志之善繫於理性，與其繫於對象一樣。」

28 參見《聖詠》七十三 2。一些教父如奧力振（Origen）、奧古斯丁、額我略（Gregorius）採用這個比喻描述靈魂的最底層部分。

29 注意，如同於 422 及 432，這裡的「性情」指人性。在宋明理學，性及情需要嚴格地區分。這裡，利瑪竇要調和儒家與基督宗教的不同立場：他肯定性善倫，不過同時認為人性不完美。人在本性上是善的，不過，人也會遠離理性，受「情」的驅動，選擇做惡。因此，關鍵在於，人應該趨善避惡。接下來，利瑪竇要強調「性善」與「成善」的區別。利瑪竇自己沒有提出了原罪的概念（這要等到第八章 577～579 才提出），不過，他的思想框架還是人類在歷史上的三個狀態：在被創造的時候的好狀態，原罪之後的墮落狀態，通過耶穌基督的被拯救狀態。

30 Cf. *STh*, I-II, 19, 3.

430.

The Chinese Scholar says: In your noble country good is defined as that which is lovable, evil as that which is hateful. Assuredly, this definition adequately describes the nature of good and evil. But in my humble country some scholars say: "What produces good is good, what produces evil is evil." This is also a true statement. If our nature is good, where does evil come from ?

中士曰：貴邦定善之理曰可愛，定惡之理曰可惡。是一說，固盡善惡之情。蔽國之士有曰「出善乃善，出惡乃惡」，亦是一端之理。若吾性既善，此惡自何來乎？[31]

Il Letterato Cinese dice: Nel Suo nobile paese il bene è stato definito come ciò che è amabile, il male come ciò che è odioso. Certamente questa definizione descrive in modo adeguato la natura del bene e del male. Ma nel mio umile paese qualche letterato dice: "Ciò che produce il bene è bene, ciò che produce il male è male" Anche questa è un'affermazione vera. Se la nostra natura è buona, il male da dove viene ?

431.

The Western Scholar replies: Human nature can do both good and evil; however it cannot be said to be originally bad.[32] Evil has not an essence of its own, it is a way of indicating the absence of good; just like death, which is a way of indicating the absence of life. The chief criminal judge can pronounce the death penalty for criminals; but how could one say that he carries death in his person ? If, from the moment of birth, people could only act well, what would be the sense of saying that one becomes good ? No one under heaven can act well if one does not have the intention of doing so.

西士曰：吾以性為能行善惡，固不可謂性自本有惡矣。[33]惡非實物，

---

31 利瑪竇介紹了理性主義意味很濃的倫理學，不過，中士認為這種方法還是太主觀，因為這種倫理學仍由主體來認識什麼符合理性，什麼不符合理性。因此，中士提出了建基於「意」的儒家倫理學。如同中士所暗示，儒家倫理學沒有解決惡的來源，所以他要諮詢利瑪竇。

32 See *STh*, I-II, 71, 2.

33 參見《神學大全》第二集第一部 71 題 2 節（第五冊，第 233～234 頁）：「所以人之德性，既然『使人成為善的，並使其行為成為善的』，是因為合於理

乃無善之謂，如死非他，乃無生之謂耳。[34]如士師能死罪人，詎其有死在己乎？苟世人者，生而不能不為善，從何處可稱成善乎？天下無無意於為善，而可以為善也。[35]

Il Letterato Occidentale replica: La natura umana può compiere sia il bene sia il male; tuttavia non può essere detta originariamente cattiva.[36] Il male non ha una propria sostanza, è un modo di indicare l'assenza del bene; così come la morte, che è un modo di parlare della mancanza della vita. Il sommo magistrato penale può sentenziare la pena di morte per i criminali; ma come si potrebbe dire che porta la morte nella sua persona ? Se dal momento della nascita gli uomini potessero soltanto agire bene, che senso avrebbe affermare che qualcuno diventa buono ? Nessuno sotto il cielo può agire bene, se non ne ha l'intenzione.

432.

I can refrain from doing good, however I do good because of an act of will; only thus can I be considered a noble man, who acts well. From the moment in which the Lord of Heaven bestowed human nature on man, people have been able to do both good and evil; thereby humanity has been enriched. Because man can accept good or reject it, the merits of goodness not only increase, but become man's own. For that reason is it said: "When the Lord of Heaven created us, He did not ask us; but when He wants us to be good, He has to ask for our cooperation."[37] A target is not disposed so that the archer will miss it; and evil does not exist so as to encourage people to do it. The nature of metals, stones and animals cannot do good or evil; human nature, instead, which is very different, can do good to acquire merits. It has nothing to do with the merits of rank or honour, but only with those of genuine virtue. Although human nature is fundamentally good, we cannot say that all people are good; only the virtuous

---

性，才合於人之天性；至於惡習，由於違反理性，故違反人之天性。」

34 這是對「惡」的基本定義：「惡」本質上不存在，只是對「善」的缺失。關於「射中」的比喻，參見 328。

35 利瑪竇以意志解「意」，中國傳統則往往以之為「私意」而突出負面意義。見第六篇關於「意」的討論。

36 Cf. *STh*, I-II, 71, 2.

37 See Augustine of Hippo, *Sermon* CLXIX, 1.

can be considered as such. It is a virtuous conduct combined with goodness that improves what is fundamentally good.

　　吾能無強我為善，而自往為之，方可謂為善之君子。天主賦人此性，能行二者，所以厚人類也，其能取捨此善，非但增為善之功，尤俾其功為我功焉。故曰：「天主所以生我，非用我；所以善我，乃用我。」[38]此之謂也。即如設正鵠，非使射者失之；亦猶惡情於世，非以使人為之。彼金石鳥獸之性不能為善惡，不如人性能之以建其功也。其功非功名之功，德行之真功也。人之性情雖本善，不可因而謂世人之悉善人也。惟有德之人乃為善人。德加於善，其用也，在本善性體之上焉。

　　Io ho la possibilità di astenermi dal fare il bene, tuttavia lo compio grazie a un atto della volontà; soltanto così posso essere considerato un uomo nobile, che agisce bene. Dal momento in cui il Signore del Cielo ha dato all'uomo la sua natura, questi è stato capace di compiere sia il bene sia il male; così l'umanità è stata arricchita. Poiché è possibile accogliere il bene o rifiutarlo, i meriti della bontà non solo aumentano, ma divengono propri dell'uomo. È per questo che si dice: "Quando il Signore del Cielo ci ha creati, non ce l'ha chiesto; ma quando ci vuole buoni, deve servirsi di noi"[39] Non si dispone un bersaglio affinché l'arciere lo manchi; e così il male non esiste per incoraggiare gli uomini a compierlo. La natura dei metalli, delle pietre e degli animali non può agire bene o male; invece la natura umana, che è ben diversa, può compiere il bene per acquistare meriti. Essi non hanno nulla a che vedere con i meriti del rango o degli onori, ma solo con quelli autentici della virtù. Sebbene la natura umana sia fondamentalmente buona, non si può dire che tutti gli uomini siano buoni; solo chi è virtuoso può essere considerato tale. È la condotta virtuosa unita alla bontà a perfezionare ciò che è fondamentalmente buono.

433.

The Chinese Scholar says: Nature certainly embraces virtue; if not, how

---

38 利瑪竇陳述了自由意志的觀念。他修改了奧古斯丁的名言：「當天主創造了你的時候，沒有你的參與；不過，除非你參與，祂不能拯救你」（Qui ergo fecit te sine te non te iustificat sine te；講道 69 篇）。

39 Cf. S. Agostino d'Ippona, *Sermo* CLXIX, 1.

could it be good ? The so-called noble man is the one who restores the original nature.

中士曰：性本必有德，無德何為善？所謂君子，亦復其初也。[40]

Il Letterato Cinese dice: La natura certamente comprende la virtù; se così non fosse, come potrebbe essere buona ? Il cosiddetto uomo nobile è colui che ripristina la natura originaria.

434.

The Western Scholar replies: If goodness merely consisted in restoring the original nature, then every person would be a saint at birth; why should one distinguish between "innate knowledge" and "acquired knowledge?"[41] If you say that virtue is no new acquisition, but the mere restoration of what one already had, then its loss is really a great sin; whereas to restore what one had lost cannot be considered a great merit.

西士曰：設謂善者惟復其初，則人皆生而聖人也，而何謂有「生而知之」，有「學而知之」[42]之別乎？如謂德非自我新知，而但返其所已有；已失之大犯罪，今復之，不足以為大功。[43]

Il Letterato Occidentale replica: Se la bontà consistesse semplicemente nel ripristino della natura originaria, allora tutti gli uomini alla nascita sarebbero santi; e allora perché si dovrebbe distinguere tra "conoscenza innata" e "conoscenza acquisita"?[44] Se Lei dice che la virtù non è una nuova acquisizione, ma il semplice recupero di ciò che già si aveva, veramente la sua

---

40　見《莊子・繕性》：「繕性於俗學，以求復其初；滑欲於俗思，以求致其明：謂之蔽蒙之民。」朱熹《大學章句注》：「故學者當因其所發而遂明之，以復其初也。」

41　See *Rich Dew of Spring and Autumn*, XXXV.

42　見《論語・季氏》：「子曰：『生而知之者，上也；學而知之者，次也；困而學之，又次也；困而不學，民斯為下矣。』」利瑪竇用孔子來批評宋明心學，因為他們認為人們一出生就是聖人。

43　這裡可以看出關於修養的兩個不同觀念。宋明理學認為，修養要回自然、歸本，基督宗教則更強調意志的作用。另外，儒家的工夫在於恢復原來所有的自然狀態，在基督宗教的歷史觀中，墮落的人性不是回歸到原來的狀態，而是通過耶穌基督達到更美滿的狀態。

44　Cf. *La ricca rugiada delle Primavere e degli Autunni*, XXXV.

perdita è un grande peccato; mentre il ritrovare ciò che si era perso non può essere considerato un grande merito.

435.

One must admit that there are two kinds of goodness: the goodness of human nature is innate, the goodness of virtue is acquired.[45] Innate goodness is the virtue with which the Lord of Heaven originally endowed man, who can claim no merit for that. Whereas the merits I am speaking of are limited to that virtue which man increases over time, by exercising it.

則固須認二善之品矣：性之善，為良善；德之善，為習善。[46]夫良善者，天主原化性命之德，而我無功焉；我所謂功，止在自習積德之善也。[47]

Bisogna riconoscere che esistono due tipi di bontà: la bontà della natura umana è innata, quella della virtù è acquisita.[48] La bontà innata è la virtù di cui il Signore del Cielo ha originariamente dotato l'uomo, il quale non può vantarne alcun merito. I meriti di cui parlo, invece, sono limitati a quella virtù che l'uomo accresce nel tempo, attraverso il suo esercizio.

436.

Children love their parents, but so do animals; common people, whether capable of benevolence or not, when they see a child about to fall into a well will be in a state of fear and apprehension;[49] which comes from their innate

---

45 See *STh*, I-II, 55, 4.

46 朱子在解釋「溫良恭儉讓」(《論語·學而》) 時，強調「良字，說未是良，即是良善，猶今言善人所謂易乃樂易坦易之易，……此章亦須見得聖人不求人而人自求之意」(《朱子語類》卷二十二)，故「良善」強調的乃是本來所具。關於「習善」，《論衡·本性篇第十三》中有「夫中人之性，在所習焉。習善而為善，習惡而為惡也」一語。

47 利瑪竇介紹亞里士多德及阿奎那的「良善」和「習善」的重要區別。重點在怎樣逐漸培養和塑造主體的倫理性格。參見《神學大全》第二集第一部 55 題 2 節 (第五冊，第 58 頁)：「哲學家在《倫理學》卷二第六章卻說：『任何東西之德能或德性，皆是為使其行動完美的。』」這裡，利瑪竇明顯批評儒家主流思想中的倫理自然主義。不過，晚明有很多儒者特別強調工夫論。

48 Cf. *STh*, I-II, 55, 4.

49 See *Mencius*, II, I, VI, 3.

goodness. But what virtue do animals and non-benevolent people have ? Virtue is to do what is right. If one acts in a way inconsistent with rigtheousness, or is neglectful in understanding it and putting it into practice, one cannot be considered virtuous.

孩提之童愛親，鳥獸亦愛之；常人不論仁與不仁，乍見孺子將入於井，即皆怵惕[50]；此皆良善耳。鳥獸與不仁者，何德之有乎？見義而即行之，乃為德耳。彼或有所未能、或有所未暇視義，無以成德也。[51]

I bambini amano i propri genitori, ma anche gli animali fanno la stessa cosa; la gente comune, sia o meno capace di benevolenza, quando vede un bambino sul punto di cadere in un pozzo è impaurita e in stato di apprensione;[52] tutto ciò deriva dalla bontà innata. Ma quale virtù hanno gli animali e le persone non benevole ? La virtù consiste nel fare ciò che è retto. Se si agisce in modo non conforme alla rettitudine, o si è trascurati nel comprenderla e nel metterla in pratica, non si può essere considerati virtuosi.

437.

Therefore, a person's heart on which nothing has yet been written is like a woman's external beauty. Though lovable, it is only a quality inherited from her parents, which does not prove sufficiently the wonder of her virtue. If instead one sees her wearing a coat over a silk dress,[53] then one knows her virtue – a virtue which belongs properly to her. We may also have beautiful qualities, but if we do not adorn them with virtue, of what can we boast ?

故謂人心者，始生如素簡，無所書也。又如艷貌女人，其美則可愛，然皆其父母之遺德也，[54]不足以見其本德之巧；若視其衣錦尚絅[55]，而後

---

50 見《孟子・公孫丑上》：「所謂人皆有不忍人之心者，今人乍見孺子將入於井，皆有怵惕惻隱之心。」

51 利瑪竇批評「良善」的觀念。其實，他針對的是孟子與王陽明所提倡的「良知」。他要推動基於理性及意志的更高的道德觀。

52 Cf. *Mencio*, II, I, VI, 3.

53 See *Doctrine of the Mean*, 33.

54 關於「父母遺德」，見《莊子・盜跖第二十九》，原文作「盜跖大怒曰：『丘來前！夫可規以利而可諫以言者，皆愚陋恒民之謂耳。今長大美好，人見而悅之者，此吾父母之遺德也。丘雖不吾譽，吾獨不自知邪？』」

55 見《中庸》第三十三章：「《詩》曰：『衣錦尚絅』，惡其文之著也。」絅，禪

其德可知也，茲乃女子本德矣。吾性質雖妍，如無德以飾之，何足譽乎？

Pertanto, il cuore dell'uomo su cui nulla è ancora stato scritto è come la bellezza esteriore di una donna. Per quanto amabile, è soltanto una qualità ereditata dai genitori, che non dimostra a sufficienza la meraviglia della sua virtù. Se invece la si vede indossare un mantello sopra la tunica di seta,[56] allora si conoscerà la sua virtù – una virtù che le appartiene propriamente. Possiamo anche avere belle qualità, ma se non le adorniamo di virtù, di che cosa potremo vantarci ?

438.

The wise of the West say that virtue is the precious habitus of spirit, and that if one habitually thinks to righteousness one puts it into practice in one's life.[57] Ornaments can be either worn, or deposed. One who wants to wear them must be determined to do good; in this case one is wise, otherwise one is wicked. But virtue and vice are both immaterial, and only immaterial mind and heart – what I have called the "spirit" – can wear such ornaments.

吾西國學者謂德乃神性之寶服[58]，以久習義念，義行生也。謂服，則可著、可脫，而得之於忻然為善之念，所謂聖賢者也；不善者反是。但德與罪，皆無形之服也，而惟無形之心——即吾所謂神者——衣之耳。

I sapienti dell'Occidente dicono che la virtù è il prezioso *habitus* dello spirito, e che pensando abitualmente alla rettitudine la si mette in pratica nella vita.[59] Gli ornamenti possono essere indossati, o essere deposti. Chi vuole indossarli deve avere la ferma intenzione di fare il bene; in tal caso è saggio,

---

衣。尚，加。在錦衣外加一件襌衣。

56 Cf. *Dottrina del Mezzo*, 33.

57 See *STh*, I-II, 55, 1.

58 參見《神學大全》第二集第二部 168 題 1 節（第十一冊，第 453 頁）：「一切德性都是心靈的精神之美。」如同胡國楨所述：「善行就是仁義禮智，是『習善』，是靈魂的寶服（神之衣），可穿可脫，成了人靈魂的依附體。中國儒家的前述二派，都主張仁義禮智是宇宙本體的理在人性上的表現，是人本身本體的主要構成因素，人只要自覺即可透顯此本性。可是在利瑪竇的主張中，人是可自由脫去這件寶服的，如此人還是人，只不過是個罪人罷了」；胡國楨《天主實義的倫理學》，《輔仁大學神學論集》第 56 號，1983 年，第 319 頁。

59 Cf. *STh*, I-II, 55, 1.

altrimenti è malvagio. Però la virtù e il vizio sono entrambi immateriali, e solo la mente e il cuore immateriali – ciò che ho definito "spirito" – possono adornarsene.

439.

The Chinese Scholar says: In both ancient and modern times many have spoken about man's nature and virtue; but it is the first time that I have heard the fundamentals of this matter so clearly described. Not to act according to righteousness is like soiling one's own nature; instead, to act righteously is like adorning oneself with fine clothes so as to exalt it. Therefore, the nature of those who perfect their virtue becomes even more beautiful; this is the effectiveness of the self-improving work accomplished by the noble man. But there are also those who dedicate themselves completely to external things, and are no longer able to return to interiority.

中士曰：論性與德，古今眾矣，如闡其衷根，則茲始聞焉。夫為非義，猶以污穢染本性；為義，猶以文錦彰之。故德修而性彌美焉，此誠君子修己之功。然又有勉於外事，而不復反本者。

Il Letterato Cinese dice: Sia nei tempi antichi, sia in quelli moderni, molti hanno parlato a proposito della natura e della virtù dell'uomo; ma è la prima volta che ho ascoltato i fondamenti di questa materia descritti con tanta chiarezza. Chi non agisce secondo rettitudine è come se insudiciasse la propria natura; invece, chi agisce con rettitudine è come se si adornasse di vestiti decorosi per esaltarla. Per tale motivo, la natura di chi perfeziona la propria virtù diventa ancora più bella; questa, in verità, è l'efficacia del perfezionamento di sé operato dall'uomo nobile. Ma esiste anche chi si dedica completamente alle cose esteriori, e non riesce più a ritornare all'interiorità.

440.

The Western Scholar replies: What a shame! The worldly person spends all day using his mental and physical strength to build up false treasures which only satisfy the eyes of the body, and do not open the eyes of the heart to see the beauty of the thousand times ten thousand generations, and the real treasures of spirit. So every day of his life he is full of anxiety and suffering, and when he comes to the moment of agony he is full of grief and fear; he is like an animal about to be led to its death in the slaughterhouse.[60]

西士曰：惜哉！世俗之盡日周望，殫心力以疊偽珍，悅肉眼，而不肯略啟心目，以視千萬世之文采、內神之真寶也，[61]宜其逐日操心困苦，而臨終之候，哀痛懼慄，如畜獸被牽於屠矣。[62]

Il Letterato Occidentale replica: Che peccato! L'uomo mondano trascorre tutto il giorno impiegando le proprie forze mentali e fisiche per accumulare falsi tesori che appagano gli occhi del corpo, e non vuol aprire gli occhi del cuore per vedere la bellezza delle mille volte diecimila generazioni, e i veri tesori dello spirito. Perciò ogni giorno della sua vita è pieno di ansia e di sofferenza, e quando giunge al momento dell'agonia è colmo di angoscia e di paura; è come un animale che sta per essere condotto alla morte nel macello.[63]

441.

When the Lord of Heaven created us in this world He only wanted us to dedicate ourselves faithfully to the practice of virtue, in order to obtain infinite happiness without worrying about external things. If instead we let ourselves be overwhelmed by dejection and become slaves of the ten thousand beings, plunging us into one hundred kinds of dangers, whose fault is it?

天主生我世間，使我獨勤事於德業，常自得無窮之福，不煩外借焉。而我自棄之，反以行萬物之役，趨[64]百危險，誰咎乎，誰咎乎？

Quando il Signore del Cielo ci ha creati in questo mondo ha voluto solo che ci dedicassimo fedelmente alla pratica della virtù, in modo tale da ottenere la

---

60 See *Ps* 49.

61 關於被隱藏的珍寶，參見：《瑪竇福音》六 21；十三 44～45；十九 21；《馬爾谷福音》十 21；《路加福音》十二 33～34；十八 22。

62 參見《聖詠》四九 13～15：「人在富貴中絕不能久長，將與牲畜無異，同樣死亡。這就是自滿昏愚者的終途，這就是自誇幸運者的末路。他們就如羊群一般被人趕入深坑，死亡要牧放他們，義人要主宰他們。他們的容貌即刻色衰，陰間將是他們的住宅。」

63 Cf. *Sal* 49.

64 趨，BC 本作「超」。

felicità infinita senza affannarci dietro alle cose esteriori; se invece ci lasciamo sopraffare dall'avvilimento e ci rendiamo schiavi dei diecimila esseri, gettandoci in cento tipi di pericoli, di chi è la colpa ?

442.

People are not particularly concerned with honour and wealth; but they always want to have what they long for. There is no other way to obtain what we desire than to be detached from that which we would like to get, but which is beyond our control. There is no doubt that I actually exist, and that the harm done to my heart and mind is real. The human person is a unity of body and spirit, but the spirit transcends the body; therefore, the wise person considers his spirit as his true self, and his body as the vessel in which his self is hidden. In ancient times there was a wise minister, called Yana, who when being killed by a usurper said unperturbed: "You wound Yana's vessel, but you cannot wound Yana." This was a truly enlightened man.

夫人非願為尊富，惟願恒得其所欲耳。得所欲之路無他，惟勿重其所求得之不在我者焉。我固有真我也，我自害之，心之害，乃真害也。人以形、神兩端相結成人，然神之精超於形，故智者以神為真己，以形為藏己之器。[65]古有賢臣亞那，為篡國者所傷，泰然曰：「爾傷亞那之器，非能傷亞那者也。」[66]此所謂達人者也。

L'uomo non si preoccupa particolarmente degli onori e delle ricchezze; ma sempre vuol avere ciò che desidera. Non c'è altro modo di ottenere ciò che si desidera ad eccezione del non tenere in gran conto ciò che si vorrebbe, ma che non dipende da noi. Non c'è dubbio che io esista veramente, e che i danni inferti al mio cuore e alla mia mente siano reali. La persona umana è unità di corpo e di spirito, ma lo spirito trascende il corpo; perciò il sapiente considera lo spirito

---

65 這個觀念本為中國人廣泛接受，王陽明就曾說，「這心之本體原只是個天理，原無非禮，這個便是汝之真己，這個真己是軀殼的主宰，若無真己便無軀殼」（參見《王文成全書》卷一）。丘處機也曾說過「神為真己，身是幻軀」（參見《長春真人西遊記》），而其肇始則是莊子的「真人」觀念，以及對「吾」、「我」所作的區分。

66 參見《瑪竇福音》十 28：「你們不要怕那殺害肉身，而不能殺害靈魂的。」亞那應該指最初教會的殉道者。

come il vero sé, e il corpo come il recipiente in cui il sé è nascosto. Nei tempi antichi c'era un saggio ministro, chiamato Yana, che quando fu ucciso da un usurpatore disse imperturbabilmente: "Avete ferito il recipiente di Yana, ma non potete ferire Yana" Costui era veramente un uomo illuminato.

443.

The Chinese Scholar says: Who does not know that to rebel against righteousness leads to sorrows, and that to follow virtue leads to enjoy good destiny and great happiness without needing to rely on external things ? But each generation sees fewer and fewer people dedicated to the cultivation of virtue; does that happen because the path of virtue is difficult to understand, or because it is difficult to follow ?

中士曰：人亦誰不知違義之自殃，從德者之自有大吉盛福，而不須外具也？然而務德者世世更稀，其德之路，難曉乎？抑難進乎？

Il Letterato Cinese dice: Chi non sa che ribellarsi alla rettitudine porta a disgrazie, e che seguire la virtù porta a godere di buona sorte e di grande felicità senza bisogno di confidare nelle cose esteriori ? Ma ogni generazione vede sempre meno persone dedite alla pratica della virtù; ciò accade perché il sentiero della virtù è difficile da comprendere, o perché è difficile percorrerlo ?

444.

The Western Scholar replies: Both the understanding and the following of it are difficult, particularly the following. One who knows the Way but fails to take it is doubly culpable, and his knowledge will also end up decreasing.[67] It is like a person who eats: if he cannot digest, not only will the food not nourish him, but it will harm him. Trying to put into practice what one has known is like increasing one's ability and knowledge, and one's strength in order to finish the remaining course. If you were to try you would realize that it is really so.

西士曰：俱難也，進尤甚焉。知此道而不行，則倍其愆，且減其知。比於食者而不能化其所食，則充而無養，反傷其身。力行焉，踐其所知，

---

67 See *STh*, I-II, 58, 5.

即增闢其才光，益厚其心力，以行其餘。試之則覺其然焉。

Il Letterato Occidentale replica: Esistono entrambe le difficoltà, in particolare quella di percorrerlo. Chi conosce la Via ma non si mette in cammino è doppiamente colpevole, e anche la sua conoscenza finisce per diminuire.[68] È come avviene quando qualcuno mangia: se non riesce a digerire, non solo il cibo non lo nutrirà ma gli recherà danno. Chi cerca di mettere in pratica ciò che ha conosciuto è come se aumentasse l'abilità e il sapere, e accrescesse la propria forza per terminare il percorso che ancora gli rimane. Se Lei facesse la prova, si accorgerebbe che è veramente così.

445.

The Chinese Scholar says: In ancient times, the Chinese scholars studied the teachings of our sages, and they themselves became wise men. But for a long time now no sage has appeared, and I doubt that today's learning comes from wise people; so I would like you to provide more detailed instruction.

中士曰：吾中州士，古者學聖教而為聖。今久非見聖人，則竊疑今之學，非聖人之學。茲願詳示學術。

Il Letterato Cinese dice: Anticamente i letterati cinesi studiavano gli insegnamenti dei nostri saggi, e divenivano saggi a loro volta. Ma ormai da molto tempo non compare alcun saggio, e dubito che l'insegnamento di oggi provenga da uomini saggi; perciò vorrei che Lei mi fornisse indicazioni più dettagliate.

446.

The Western Scholar replies: I have read a great many books in which, speaking of knowledge, everyone explains his point of view; if I had found out and understood universal knowledge, how could I reject it and still refrain from speaking of Western wisdom ? Ultimately, it depends on you to decide as to whether to accept or reject what I say. The term "knowledge" not only has a specific connotation, indicating the emulation of the deeds and words of past

---

68 Cf. *STh*, I-II, 58, 5.

people, but it also refers to personal intuitions and to deductions made by observing heaven and earth, and the ten thousand beings. Therefore it is said that the wise person does not care if books or teachers fail: because heaven and earth, and the ten thousand beings are his teachers and his books.

西士曰：嘗竊視群書，論學各具己私。若已測悟公學，吾何不聽命，而復有稱述西庠學乎？顧取捨之在子耳。夫學之謂，非但專效先覺行動語錄謂之學，亦有自己領悟之學，有視察天地萬物，而推習人事之學。故曰：智者不患乏書冊、無傳師，天地萬物盡我師、盡我券[69]也。[70]

Il Letterato Occidentale replica: Ho letto moltissimi libri nei quali, parlando della conoscenza, ognuno espone il suo punto di vista; se io avessi trovato e compreso conoscenze universali, come potrei rifiutarle e trattenermi ancora dal parlare della sapienza occidentale? In definitiva, tocca a Lei decidere se accettare o rifiutare ciò che dico. Il termine "conoscenza" non solo ha una connotazione specifica, che indica l'emulazione delle azioni e delle parole degli uomini del passato, ma si riferisce anche all'intuizione personale e alle deduzioni fatte osservando il cielo, la terra e i diecimila esseri. Per questo si dice che il saggio non si preoccupa se i libri o gli insegnanti vengono a mancare: perché il cielo, la terra e i diecimila esseri sono i suoi insegnanti e i suoi libri.

447.

The meaning of the word "knowledge" is so broad as to embrace the straight and the crooked, the great and the small, the acute and the obtuse. You are definitely not questioning me on heterodoxy, because the learning of selfish interests and useless things will be of no concern to the noble man. The knowledge I am talking about has to do with the inner life, and which is for oneself; in brief, it is called "self-improvement". The defects of the world are

---

69 券，同「倦」。疑當作「卷」。

70 參見奧古斯丁《講道》87：「有人看聖經使他們能找到天主，不過還有更偉大的書，這就是被創造的世界。」（Alius, ut inveniat Deum, librum legit. Est quidam magnus liber ipsa species creaturae.）後來的中國穆斯林學者王岱輿也在《正教真詮》中說過類似的話，即「所以智人不患乏經書，無師範，天地萬物皆彼師範，皆彼經書也。」

not due to a lack of knowledge, but rather to the knowledge of things which it would be better not to know, and which do not contribute at all to the betterment of our behaviour.

學之為字，其義廣矣，正邪、大小、利鈍均該焉。彼邪學，固非子之所問，其勢利及無益之習，君子不以營心焉。吾所論學，惟內也，為己[71]也，約之以一言，謂成己也。世之弊非無學也，是乃徒習夫寧無習之方，乃竟無補乎行。[72]

Il significato della parola "conoscenza" è così ampio che abbraccia il retto e il deviato, il grande e il piccolo, l'acuto e l'ottuso. Certamente Lei non mi sta interrogando sull'eterodossia, perché l'apprendimento degli interessi egoistici e delle cose inutili non suscita alcun interesse nell'uomo nobile. La conoscenza di cui sto parlando ha a che fare con la vita interiore, e con ciò che riguarda se stessi; in breve è detta "perfezionamento di sé" I difetti del mondo non sono dovuti a una carenza di conoscenza, ma piuttosto alla conoscenza di cose che sarebbe meglio non sapere, e che non contribuiscono affatto a migliorare il nostro comportamento.

448.

Not only is our spirit noble and precious, but it is also the lord of our body; thus, to cultivate the spirit is also to cultivate the body. There is no spiritual perfection which may cause physical decline; therefore, the noble man devotes himself mainly to the spirit, and to that which in your esteemed country is called "immaterial heart."

吾儕本體之神，非徒為精貴，又為形之本主，故神修即形修，神成即形無不成矣。是以君子之本業，特在於神，貴邦所謂「無形之心」[73]也。

---

71 「為己」，朱熹、二程皆以為乃「欲得之於己也」，源出《論語・憲問》，原文作「古之學者為己，今之學者為人」。

72 「成己」是儒家傳統中的一個重要提法，《中庸》就載有「成己，仁也」一語。利瑪竇所提倡的修養跟儒家的目的一致，即成己。

73 「無形之心」在宋明理學中鮮見，但「心無形」之說則較常見，散見《二程粹言》、《朱子語類》、《四書大全》、《性理大全》等，可能是佛教影響下的產物。姑引兩例。《二程粹言》卷下《心性篇》：「或問『心有存亡乎？』子曰『以心無形體也，自操捨言之耳。夫心之所存，一主乎事，則在此矣。』」

Il nostro spirito non solo è nobile e prezioso, ma è anche il signore del nostro corpo; cosicché coltivare lo spirito è anche coltivare il corpo. Non esiste un perfezionamento spirituale che causi un decadimento fisico; perciò l'uomo nobile si dedica principalmente allo spirito, e a ciò che nel Suo stimato paese si definisce "cuore immateriale".

449.

The material body has ears, eyes, mouth, nose, four limbs to make contact with physical objects and to perceive them;[74] the immaterial spirit has three faculties to communicate with the outside world: memory, intellect, and will.[75] All that is said, heard, tasted or perceived enters through the five gates of the body to reach the spirit; the spirit employs the faculty of memory to receive such things and to store them as in a warehouse, so that they are not forgotten. Later, when one wants to understand something thoroughly, one employs the intellect to abstract the essence of it from what is stored in the memory, and to verify whether it is consistent with truth or not: if such a thing is good, one desires it and loves it by the will; if it is bad, by the will one loathes it and hates it. Therefore, the intellect fully understands what is right and what is wrong, whereas the will decides to love what is good and to hate what is evil.

　　有形之身得耳、口、目、鼻、四肢、五司，以交覺於物。無形之神有三司以接通之，曰：司記含、司明悟、司愛欲焉。凡吾視聞啖覺，即其像由身之五門竅，以進達於神。而神以司記者受之，如藏之倉庫，不令忘矣。後吾欲明通一物，即以司明者取其物之在司記者像，而委屈折衷其體，協其性情之真於理當否。其善也，吾以司愛者愛之、欲之；其惡也，吾以司愛者惡之、恨之。蓋司明者，達是又達非；司愛者，司善善，又司惡惡者也。[76]

《朱子語類》卷第十五《齊宣王問齊桓晉文之事章》：「物易見，心無形。度物之輕重長短易，度心之輕重長短難。」

74 See *STh*, I, 84, 6.

75 At this point Ricci deviates a little from Thomistic orthodoxy, according to which memory is not a faculty of the soul, such as to be put on the same level of the intellect and will.

76 奧古斯丁在人的靈魂中去找到三位一體的痕跡，認為智性靈魂有三個「能力」

Il corpo materiale ha le orecchie, la bocca, gli occhi, il naso, i quattro arti per entrare in contatto con gli oggetti fisici e percepirli;[77] lo spirito immateriale ha tre facoltà per comunicare con l'esterno: la memoria, l'intelletto, e la volontà.[78] Tutto ciò che è detto, udito, gustato o percepito entra attraverso le cinque porte del corpo per raggiungere lo spirito; lo spirito impiega la facoltà della memoria per ricevere tali cose e custodirle come in un magazzino, affinché non vengano dimenticate. In seguito, quando si vuol comprendere pienamente qualcosa, si usa l'intelletto per astrarne l'essenza da ciò che è immagazzinato nella memoria, e vedere se è conforme o meno alla verità: se è buono, con la volontà lo si desidera e lo si ama; se è cattivo, con la volontà lo si detesta e lo si odia. Perciò l'intelletto comprende pienamente che cosa è giusto e che cosa è sbagliato, mentre la volontà decide di amare ciò che è bene e di odiare ciò che è male.

450.

When the three faculties are well developed, there is nothing which remains unaccomplished. Besides, when the will and intellect are developed, so also is the memory; thus, in the academic study only those two faculties are taken into account.[79] The object of the intellect is truth, whereas the object of the will is goodness. Therefore, the truer our knowledge and the more extensive this truth , the more perfect is our intellect; the more good our desire and the greater this goodness , the more perfect is our will. If the intellect does not arrive at the truth, and the will does not attain goodness, both faculties lose their nourishment; consequently, the spirit will be sick and faint.

（potestas），即「司愛欲」或「司愛」（voluntas，今譯「意志」）、「司明悟」或「司明」（intellectus，今譯「智慧」或「理智」）、「司記含」（memoria，今譯「記憶力」）。參見《講道》52 及《三位一體》IX、X、XIV。在《神操》中，聖依納爵跟隨奧古斯丁。利瑪竇也沿用這個說法。

77　Cf. *STh*, I, 84, 6.

78　In questo punto Ricci si allontana un po' dall'ortodossia tomista, secondo la quale la memoria non è una facoltà dell'anima da porsi sullo stesso piano dell'intelletto e delle volontà.

79　Ricci recovers, here, the Thomistic conception of the relationship amongst intellect, will, and memory.

三司已成，吾無事不成矣。又其司愛、司明者已成，其司記者自成
矣，故講學只論其二爾已。[80]司明者尚真，司愛者尚好。是以吾所達愈
真，其真愈廣闊，則司明者愈成充；吾所愛益好，其好益深厚，則司愛益
成就也。若司明不得真者，司愛不得好者，則二司者俱失其養，而神乃病
餒。[81]

Quando le tre facoltà sono ben sviluppate non c'è nulla che rimanga incompiuto. Inoltre, quando la volontà e l'intelletto sono sviluppate, anche la memoria lo è; perciò nello studio accademico si prendono in considerazione solo quelle due facoltà.[82] L'oggetto dell'intelletto è la verità, mentre l'oggetto della volontà è la bontà. Pertanto più la nostra conoscenza è vera, e più tale verità è estesa, migliore sarà il nostro intelletto; più il nostro desiderio è buono, e più questa bontà è grande, migliore sarà la nostra volontà. Se l'intelletto non giunge alla verità, e la volontà non giunge alla bontà, ambedue le facoltà perdono il loro nutrimento; di conseguenza, lo spirito è malato e langue.

451.

The aim of the intellect is righteousness, the foundation of the will is benevolence; therefore, the noble man considers benevolence and righteousness of the greatest import. They are mutually related, and neither of them must be neglected. Only when the intellect knows benevolence, the will can love and preserve it; only when the will loves righteousness, the intellect can know and observe it. But the essence of righteousness is benevolence; a person who is rich in benevolence has the most enlightened intellect. For this reason the education

---

80 對阿奎那而言，關於人的行動（actus humanorum），智性靈魂只有了兩個「能力」，即「司明」和「司愛」，「司明」包括記憶（cf. *ST* Ia. q.79, a.7）。雖然利瑪竇剛提到奧古斯丁的三個「能力」學說，他現在要回歸到阿奎那的說法，並且，他採用類似的論證。參見《神學大全》Ia. q.79, a.7.（第三冊，第 94頁）。

81 參見《神學大全》第一集 82 題 4 節（第三冊，第 124 頁）：「理智之作用，是在於被領悟的東西之理是在領悟者中；意志之活動的完成，在於意志傾向於充為其對象的東西本身。是以哲學家在《形上學》卷六第四章說，『善與惡』即意志之對象，『是在東西中』；『真與假』即理智之對象，『是在心靈裏。』」

82 Ricci recupera, qui, la concezione tomista sui rapporti tra intelletto, volontà e memoria.

of the noble man is primarily concerned with benevolence.

司明之大功在義，司愛之大本在仁，故君子以仁義為重焉。二者相須，一不可廢。然惟司明者明仁之善，而後司愛者愛而存之；司愛者愛義之德，而後司明者察而求之。[83]但仁也者，又為義之至精，仁盛，則司明者滋明。故君子之學，又以仁為主焉。

Ciò a cui mira l'intelletto è la rettitudine, ciò su cui si fonda la volontà è la benevolenza; perciò l'uomo nobile considera molto importanti la benevolenza e la rettitudine. Esse sono complementari, e nessuna delle due dev'essere trascurata. Solo quando l'intelletto conosce la benevolenza, la volontà può amarla e preservarla; solo quando la volontà ama la rettitudine, l'intelletto può conoscerla e osservarla. Ma la benevolenza è l'essenza della rettitudine; chi è ricco di benevolenza ha l'intelletto più illuminato. Per questo motivo l'educazione dell'uomo nobile si incentra principalmente su di essa.

452.

Benevolence is the noblest of virtues; once learned, it cannot be damaged or destroyed, although it is not spontaneously acquired, not even if it remains hidden for a long time. When exercised in favour of the neighbour it grows even more luxuriant; in persons of high degree it is especially valuable. It is said that virtue in the common man is like silver, in the man who leads others it is like gold, but in the king it is a real treasure.

---

83 跟隨亞里士多德，阿奎那認為「司明」（理智）與「司愛」（意志）在人的行動中有互補關係：「由此可見這兩個機能的活動何以互相包含；這就是因為理智知道意志願意，而意志願意理智認知」（《神學大全》第一集 82 題 4 節，第三冊，第 127 頁）。如果獨立地看「司明」（理智），它比「司愛」（意志）更優越，不過，「如果善所在之物，比被領悟之理所在之靈魂本身高貴，則意志由於與這個物的關係，比理智更高貴……故此，愛天主比認識天主好；反之，認識形體物比愛形體物好」（《神學大全》第一集 82 題 3 節，第三冊，第 124 頁）。意志的優越在於它可以發動理智。利瑪竇把「意志－司愛」的概念跟儒家的「仁」連接起來，因為它們都表示內心的運動，當然在基督宗教那裡，最終對象是天主。不過，比較奇怪，他把「司明」跟西方的四個道德德行（moral virtues）之一，即 justitia，連接起來。雖然這個不符亞里斯多德和阿奎那的安排，不過，利瑪竇可以這樣把儒家的仁、義對應司愛、司明。與利瑪竇不同，畢方濟（Francesco Sambiasi，1582～1649 年）在《靈言蠡勺》裏把司明跟智慧連接起來。

仁，尊德也，德之為學，不以強奪，不以久藏毀而殺，施之與人而更長茂。[84]在高益珍，所謂德在百姓為銀，在牧者為金，在君為貝也。

La benevolenza è la virtù più nobile; una volta appresa non può essere danneggiata o distrutta, anche se non la si acquista spontaneamente o la si nasconde per lungo tempo. La virtù esercitata a favore del prossimo cresce ancor più rigogliosa; negli uomini di alto grado è particolarmente preziosa. Si dice che la virtù è come l'argento negli uomini comuni, è come l'oro negli uomini che ne guidano altri, ma è un vero tesoro nei re.

453.

I have heard it said that when a wise person performs an action, first he must have the intention, and then he must seek the best way to carry it out. For example: a traveller must first decide where to go, and then must inquire which road will lead him to the destination. His intention has to be very clear from the beginning.

嘗聞智者為事，必先立一主意，而後圖其善具以獲之，如旅人先定所往之域，而後尋詢去路也。終之意，固在其始也。

Ho sentito dire che, quando un saggio compie un'azione, prima deve averne l'intenzione e poi deve cercare il modo migliore per realizzarla. Ad esempio: un viaggiatore deve prima decidere dove andare, e poi chiedere quale strada lo conduca a destinazione. La sua intenzione dev'essere ben chiara sin dall'inizio.

454.

Similarly, with regard to the learning of the Way, we must know our purpose: why do we want to learn it？Otherwise, if we are imprudent, we do not even know why we are doing so. Studying only to acquire a little knowledge, is unnecessary erudition; only to sell knowledge, is a vile pursuit of profit; only to be known by others, is vain diligence; studying to teach others, is called mercy;

---

84 參見聖保祿「愛超過一切」《格林多前書》十三 1～13。前面利瑪竇所談的「司愛」是針對世間上的人和物。這裡聖保祿所談的「愛」最終指向天主本身，所以，這種「愛」被認為是一種超越的德性（supernaturalis virtus）。

perfecting oneself, is called wisdom.

　　夫學道亦要識其向往者，吾果為何者而學乎？不然則貿貿而往，自不知其所求。或學特以知識，此乃徒學；或以售知，此乃賤利；或以使人知，此乃罔勤；或以誨人，乃所為慈；或以俶己，乃所為智。

Allo stesso modo, per quel che riguarda l'apprendimento della Via, dobbiamo conoscere il nostro scopo: perché vogliamo apprenderla ? Altrimenti, se siamo imprudenti, non sappiamo neanche noi il motivo di ciò che stiamo facendo. Studiare solo per avere un po' di conoscenza, è erudirsi inutilmente; solo per vendere la conoscenza, è vile ricerca di profitto; solo per farsi conoscere dagli altri, è vana diligenza; studiare per istruire gli altri, è chiamato misericordia; studiare al fine di perfezionare se stessi, è detto saggezza.

455.

So, I would say that the highest aspiration of knowledge is exclusively the perfection of oneself, according to the holy will of the Lord of Heaven; mankind comes from Him, and it is to Him that it returns.

　　故吾曰學之上志，惟此成己，以合天主之聖旨耳。所謂由此而歸此者也。[85]

Così, direi che la più alta aspirazione della conoscenza consiste unicamente nel perfezionare se stessi, in conformità alla santa volontà del Signore del Cielo; è da Lui che si viene, a Lui che si ritorna.

456.

The Chinese Scholar says: In that case, one perfects oneself for the Lord of Heaven, not for the sake of oneself. Is this not an external knowledge ?

　　中士曰：如是，則其成己為天主也，非為己也，則毋奈外學也。

Il Letterato Cinese dice: Se è così, ci si perfeziona per il Signore del Cielo, non per se stessi. Questa non è conoscenza esteriore ?

---

85 按照目的對象的等級，人的目的有等級。參見前面 447。在這裡，不僅僅要愛一般的善，而且要愛最高的善，即天主。

457.

The Western Scholar replies: How can a person perfect himself without doing it for himself ? To have as an end the Lord of Heaven, this is really to perfect oneself! When Confucius speaks of benevolence, he simply speaks of loving others;[86] but educated people do not regard it as an external knowledge. When I speak of kindness, I speak of love for the Lord of Heaven and for mankind, that is, of worshipping the root without forgetting the branches; how can one say that this is an external knowledge ? Even the people closest to us, like our father and mother, compared with the Lord in Heaven are to be considered outsiders. Moreover, the Lord of Heaven is omnipresent in reality, and therefore He should not be regarded as something external. The higher the aspiration, the nobler is knowledge; if the aspiration of those who desire knowledge is limited to themselves, how noble will it ever be ? If, on the other hand, one aspires to the Lord of Heaven, one's knowledge is supremely noble; how can it be considered base ?

西士曰：烏有成己而非為己者乎？其為天主也，正其所以成也。仲尼說仁，惟曰「愛人」[87]，而儒者不以為外學也。余曰仁也者，乃愛天主與夫愛人者。崇其宗原，而不遺其枝派，何以謂外乎？人之中雖親若父母，比於天主者，猶為外焉。況天主常在物內，自不當外。意益高者學益尊，如學者之意止於一己，何高之有？至於為天主，其尊乃不可加矣，孰以為賤乎？[88]

Il Letterato Occidentale replica: Come può un uomo perfezionarsi senza agire per se stesso ? Avere come fine il Signore del Cielo, questo è il vero perfezionamento di sé! Quando Confucio parla di benevolenza, parla semplicemente dell'amore per gli altri;[89] ma gli uomini colti non la considerano una conoscenza esteriore. Quando parlo di benevolenza, parlo dell'amore per il Signore del Cielo e per gli uomini, cioè del venerare la radice senza dimenticare

---

86 See *Analects*, XII, XXII, 1.

87 見《論語・顏淵》：「樊遲問仁。子曰：『愛人。』」

88 儒家的修行是「下學而上達」。相反，基督宗教的修行依靠天主。不過，跟奧古斯丁一樣，利瑪竇試圖說明，這種修行不是外在的。

89 Cf. *Dialoghi*, XII, XXII, 1.

i rami; come si può dire che questa sia una conoscenza esteriore ? Anche le persone più care, come il padre e la madre, confrontate con il Signore del Cielo sono da considerare estranei. Inoltre, il Signore del Cielo è sempre presente nella realtà, e quindi non va considerato come qualcosa di esteriore. Più alta è l'aspirazione, più nobile è la conoscenza; se l'aspirazione di chi vuole la conoscenza è limitata a se stesso, quale nobiltà ci potrà mai essere ? Se invece si aspira al Signore del Cielo, la conoscenza è supremamente nobile; come potrà essere considerata vile ?

458.

The wisdom of human nature has been imprinted in our hearts by the Lord of Heaven;[90] therefore it is impossible to destroy. That is what the Confucians of your esteemed country intend when they speak of "luminous virtue" and "luminous nature." But the light has been hidden by selfish passions, to the point in which it has been engulfed in darkness; if the sages had not given a personal testimony of it, how could people have known about it ? Perhaps they would have regarded the base passions as luminous virtues, thus departing even further from the true teaching.

聖學在吾性內，天主銘之人心，原不能壞，貴邦儒經所謂明德、明命[91]是也。但是明為私欲蔽撥，以致昏暝，不以聖賢躬親喻世人，豈能覺？恐以私欲惧認明德，愈悖正學耳。

La saggezza della natura umana è stata impressa nel nostro cuore dal Signore del Cielo;[92] di conseguenza è impossibile distruggerla. Questo è ciò che intendono i classici confuciani del Suo stimato paese quando parlano di "virtù luminose" e di "natura luminosa" Ma la luce è stata occultata dalle passioni egoistiche, fino ad essere avvolta dall'oscurità; se i saggi non ne avessero dato una personale testimonianza, gli uomini come avrebbero potuto

---

90　See *Rm* 1:19.

91　「明德」是《大學》中的重要概念，所謂「大學之道，在明明德」，解家亦有將「明德」與「明命」聯繫在一起的例子，而以《尚書・太甲》中的「先王顧諟天之明命」解之，朱子即有「天之明命，有生之所同得」一語，參見《四書或問》卷一。

92　Cf. *Rm* 1,19.

conoscerla ? Forse avrebbero considerato le basse passioni alla stregua di virtù luminose, allontanandosi ancor di più dal vero insegnamento.

459.

The value of this teaching depends entirely on its application, whereas today's people inanely believe it sufficient to discuss on it. How are they to know that its efficacy consists in the practice of virtue and not in talking about it ? Nevertheless, one cannot neglect such discussion: because thanks to it we revise what we have learnt, and we learn new things; we understand mysteries more deeply and we resolve doubts; we are encouraged to urge others to do the same, so as to become wise and trustworthy. The Way of goodness is inexhaustible, so those who wish to do good must continue to learn throughout their lives; every day, as long as they live, they cannot but learn. People who say they have arrived have not yet started; people who say they are no longer willing to make progress in good have reverted to evil.

然此學之貴，全在力行[93]；而近人妄當之以講論，豈知善學之驗在行德，不在言德乎？然其講亦不可遺也。講學也者，溫故而習新，達蘊而釋疑，奮己而勸人，博學而篤信者也。善之道無窮，故學為善者，與身同終焉，身在，不可一日不學。凡曰已至，其必未起也；凡曰吾已不欲進於善，即是退復於惡也。

Il valore di questo insegnamento dipende totalmente dalla sua applicazione, mentre gli uomini d'oggi credono invano che basti discuterne. Come si potrebbe far sapere loro che la sua efficacia consiste nella pratica della virtù, e non nel parlare di essa ? Tuttavia non si deve trascurare di parlarne: perché così facendo ripassiamo ciò che abbiamo appreso e impariamo cose nuove; comprendiamo più profondamente i misteri e risolviamo i dubbi; siamo spronati ad esortare gli altri a fare lo stesso, in modo da diventare sapienti e degni di fede. La Via della bontà è inesauribile, perciò chiunque voglia agire bene deve continuare ad apprendere per tutta la vita; ogni giorno, finché vive, non può non imparare. Chi

---

93 《中庸》有言，「子曰：『好學近乎知，力行近乎仁，知恥近乎勇』」，蓋「力行」亦本為儒家所特重，故程子以為「博學、審問、慎思、明辨、篤行」皆不可廢。

dice di essere arrivato, non è ancora partito; chi dice di non voler più progredire nel bene, è regredito al male.

460.

The Chinese Scholar says: These words are true; may I ask you how to begin to put them into practice ?

中士曰：此皆真語，敢問下手工夫？[94]

Il Letterato Cinese dice: Queste parole sono vere; posso chiederLe in che modo cominciare a metterle in pratica ?

461.

The Western Scholar replies: I have always compared the achievement of this objective with the planting of vegetables. First of all one prepares the soil, uproots the weeds, removes the broken shards and stones from the ground, makes the stagnant waters flow into irrigation ditches; only when all this has been done can one plant good seeds.

西士曰：吾素譬此工如圃然。[95]先繕地，拔其野草，除其瓦石，注其泥[96]水於溝壑，而後藝嘉種也。

Il Letterato Occidentale replica: Ho sempre paragonato il raggiungimento di questo obiettivo alla coltivazione delle piante. Prima di tutto si prepara il terreno, si estirpano le erbacce, si tolgono dal suolo i cocci rotti e le pietre, si fanno scorrere le acque stagnanti verso i fossi di irrigazione; solo quando tutto ciò sia stato fatto si può piantare la buona semente.

462.

He who wishes to learn must get rid of bad habits in order to achieve goodness; as has been said, there are things to avoid before beginning to act. In early learning bad habits are wild, and their vicious roots penetrate deep into the heart. If a person wishes to uproot them in order to eliminate them, how can he

---

94 在晚明，工夫論是陽明後學的重要論題之一。利瑪竇要介紹基督宗教的修行方式。

95 參見前文 356。

96 泥，BC 本、FJ 本作「泜」。

succeed without a full engagement ? Courage lies in self-conquest. Applying oneself to learn from childhood, the effectiveness of one's effort will be multiplied by ten, because children do not carry the burden of habits already acquired.

學者先去惡，而後能致善，所謂有所不為，方能有為焉。[97]未學之始，習心[98]橫肆，其惡根固深透乎心，抽使去之，可不黽黽乎？勇者，克己之謂也。[99]童年者蚤即於學，其工如一，得工如十，無前習之累故也。

Chi vuole imparare deve liberarsi dalle cattive abitudini per poter raggiungere la bontà; come è stato detto, ci sono cose da evitare prima di iniziare ad agire. All'inizio dell'apprendimento le cattive abitudini sono sfrenate, e le loro radici viziose penetrano a fondo nel cuore. Chi vuole strapparle per eliminarle come potrebbe riuscirci se non impegnandosi completamente ? Il coraggio risiede nella conquista di se stessi. Applicandosi all'apprendimento sin dall'infanzia l'efficacia dello sforzo sarà moltiplicata per dieci, perché i bambini non portano il peso di abitudini già acquisite.

463.

In ancient times there was a man of great talent in instructing people; when disciples came who wanted to follow him, he invariably asked them whether they had had other teachers. To those who answered "yes" he would demand twice his fee, because they had already been misled; they had therefore to be corrected from previous mistakes so that he could teach them new knowledge.

---

97 源出《孟子·離婁下》，原文作「孟子曰：『人有不為也，而後可以有為』」。

98 習字不清，據 FJ 本補。習心：理學家指通過耳聞目見所得的意念，與良知良能有別。如「蓋良知良能，元不喪失，以昔日習心未除，卻須存習此心，久則可奪舊習」（參見《二程遺書》卷二上），張載的《正蒙·動物》中則有「寤所以知新於耳目，夢所以緣舊於習心」。

99 這裡，利瑪竇整合了儒家關於「勇」、「仁」的看法，而以「仁者必有勇」（《論語·憲問》）作基礎，即這裡的「勇者」乃近於「仁者」的真正「勇者」，故在「克己復禮為仁」時（《論語·顏淵》），要注意「見義不為，無勇也」《論語·為政》，而強調勇者須克己。在西方古典傳統中，亞里士多德把「勇敢的人」定義為「出於適當的原因，以適當的方式以及在適當的時間，經受得住所該經受的，也怕所應該怕的事物的人」（《尼各馬克倫理學》第三卷，1115b17～20，第 80 頁）。

古有一善教者，子弟從之，必問：「曾從他師否？」以從他師者，為其已蹈曩時之愒，必倍其將誠之儀，一因改易其前愒，一因教之以知新也。[100]

Nei tempi antichi c'era un uomo dotato di grande talento nell'istruire le persone; quando gli giungevano discepoli che intendevano seguirlo, invariabilmente chiedeva loro se avessero avuto altri maestri. A quelli che rispondevano di sì domandava il doppio dell'onorario, perché erano già stati indotti in errore: dovevano quindi essere corretti dagli errori precedenti, affinché lui potesse insegnare loro le nuove conoscenze.

464.

If in spite of acquired knowledge people still live in concupiscence, how can they encourage the spirit ? How can people progress in humility if they are still proud, thus deceiving themselves and others ? How can people preserve honesty when still being haunted by dishonest wealth, which they refuse to return to its rightful owner ? How can people have the superior virtue of the Way, when abandoning themselves to the vain glory of honour and fame ? How can people who blame Heaven and man held firmly in benevolence and righteousness ? If one pours vinegar and salt in ritual vessels, one can no longer put the sacrificial wine in them. People who recognize their sins can already see the beginning of goodness; consequently, they walk more easily on the path of virtue.

既已知學矣，尚迷乎色慾，則何以建於勇毅？尚驕傲[101]自滿欺人，則何以進乎謙德？尚惑非義之財物，不返其主，則何以秉廉？尚溺乎榮顯功名，則何以超於道德？尚將怨天尤人，則何以立於仁義？秬鬯盈以醯鹽，[102]不能斟之鬱邑矣。知己之惡者，見善之倪，而易入於德路者也。

Se malgrado si possieda la conoscenza si rimane ancora nella concupiscenza, come si può incoraggiare lo spirito ? Come si può progredire

---

100 在布魯達克和第歐根尼‧拉爾修的著作中沒有找到這個故事。這個故事暗示，要先把佛教與道家的壞觀念和習慣都革除掉，才能學習天主教。

101 傲，BC 本、FJ 本作「敖」。

102 秬鬯盈以醯鹽：秬，一種用來釀酒的黑黍；卣，禮器，中型酒尊；醯，即醋。

nell'umiltà se si è ancora orgogliosi, ingannando se stessi e gli altri ? Come si può preservare l'onestà quando si è ancora stregati dalle ricchezze disoneste, che ci si rifiuta di restituire al legittimo proprietario ? Come si può avere la superiore virtù della Via, quando ci si abbandona alla vana gloria dell'onore e della fama ? Come può chi si lamenta del Cielo e degli uomini tenersi ben saldo nella benevolenza e nella rettitudine ? Se si versano l'aceto e il sale nei vasi rituali, non si può più usarli per mettervi il vino sacrificale. Chi riconosce i propri peccati vede già l'inizio della bontà; di conseguenza, si incammina più facilmente sul cammino della virtù.

465.

To eradicate all evil and to take root in goodness it would be better to follow the rules of my humble Society, and to make an examination of conscience twice a day, that is, to review one's thoughts, words and actions every half day: encouraging oneself to continue with them, if they are good; disciplining oneself to get rid of them, if they are evil. Provided that one maintains this practice for a long time one will avoid falling into serious errors, even if lacking the supervision of a teacher.

　　欲剪諸惡之根[103]，而興己於善，不若守敝會規例，逐日再次省察。凡己半日間，所思所言所行善惡：有善者，自[104]勸繼之；有惡者，自懲絕之。久用此功，雖無師保之責，亦不患有大過。[105]

Per estirpare tutti i mali e radicarsi nel bene sarebbe meglio seguire le regole della mia umile Compagnia, e fare l'esame di coscienza due volte al giorno, cioè ripercorrere ogni mezza giornata i propri pensieri, parole e opere: incoraggiando se stessi a proseguirli, se sono buoni; castigando se stessi per potersene liberare, se sono cattivi. Mantenendo questa pratica per lungo tempo si evita di cadere in gravi errori, anche qualora manchi la vigilanza di un maestro.

---

103 諸惡之根四字不清，據 FJ 本補。

104 者自二字不清，據 FJ 本補。

105 《神操》（24～43）及《耶穌會會規》（*Constitutiones* 261, 342, 344）都規定，要一天兩次反省自己。《論語・學而》：「吾日三省吾身：為人謀而不忠乎？與朋友交而不信乎？傳不習乎？」

466.

The highest degree of diligent self-improvement consists in looking continuously at the Lord of Heaven with the eye of the heart, as if one should see Him face to face. So the heart will not go astray from the Supremely Honoured, evil thoughts will naturally cease to sprout, and there will be no need to do anything else; spontaneously, the four limbs of man will do nothing unrighteous. Therefore, the most important thing in turning away from evil is true conversion: the repentance of sins, and the proposal not to commit them again. When the heart is purified, it can wear the precious clothes of virtue.

然勤修之至，恒習見天主於心目，儼如對越[106]。至尊不離於心，枉念自不萌起，不須他功，其外四肢莫之禁，而自不適於非義矣。故改惡之要，惟在深悔。悔其昔所已犯，自誓弗敢再蹈。心之既沐，德之寶服可衣焉。

Il grado più alto del diligente perfezionamento di sé è guardare costantemente il Signore del Cielo con l'occhio del cuore, come se lo si vedesse faccia a faccia. Così il cuore non si allontanerà dal Supremo Onorato, i pensieri malvagi cesseranno naturalmente di germogliare, e non ci sarà bisogno di fare nient'altro; spontaneamente i quattro arti dell'uomo non faranno più nulla che non sia conforme alla rettitudine. Perciò per allontanarsi dal male la cosa più importante è una vera conversione: pentirsi dei peccati commessi, e proporsi di non commetterli mai più. Quando il cuore è purificato, può indossare le vesti preziose della virtù.

467.

There are many kinds of virtues, and I cannot enumerate them all. Now, I only speak with you about the core consisting of benevolence. When one has obtained it, everything else follows; thus, the *Book of Changes* says: "What is called Principle is the supreme quality of goodness; the noble man, embodying benevolence, can govern other people."[107]

---

106 對越：配稱，出自《詩・周頌・清廟》，原文作「濟濟多士，秉文之德，對越在天，駿奔走在廟」，《箋》作「對，配；越，於也」。

107 *Book of Changes*, Appendix IV, I, I, 1.

　　夫德之品眾矣，不能具論，吾今為子惟揭其綱，則仁其要焉。[108]得其綱，則餘者隨之，故《易》云：「元者，善之長」，「君子體仁，足以長人。」[109]

Ci sono molti tipi di virtù, e non posso enumerarli tutti. Ora, con Lei parlo soltanto del nucleo essenziale costituito dalla benevolenza. Una volta che lo si sia ottenuto tutto il resto ne consegue; perciò il *Libro dei Mutamenti* dice: "Ciò che si chiama Principio è la somma qualità della bontà; l'uomo nobile, incarnando la benevolenza, può governare gli altri uomini"[110]

468.

The doctrine of benevolence may be summarized as follows: love the Lord of Heaven, because He is incomparable and supreme; and love others as yourself for the love of the Lord of Heaven. If you observe this, your one hundred deeds will be perfect.[111] Anyway, these two commands are one and the same. Someone who sincerely loves a person, also loves what this person loves; since the Lord of Heaven loves people, if we truly love Him how could we not love them?[112] The reason why the virtue of benevolence is so noble, is only that it equals the love for the Supreme Ruler. If the Lord of Heaven wanted to use something external in order to bring me to perfection, I might seek for it; but if I were not able to obtain it, I would remain imperfect. But everything depends on interiority, in particular on love; and who can say that he cannot love ? The Lord of Heaven is the sum of all good: He created us, nourishes us, caused us to be people, not animals, and He has also given us a nature with which we can

---

108 西方的「德行」（virtutes）分類如下：第一種是樞德（cardinales virtutes）即一切德行的基礎，有四個分支：「明智」（prudentia）、節制（temperentia）、勇敢（fortitudo）、正義（justitia）；第二種是超自然的美德，有三個：信仰（fides）、希望（spes）、仁愛（caritas）。我們注意到，利瑪竇把「仁」分為兩層：當德行針對一般的善時，就等於「明智」；當德行針對天主時，等於「仁愛」。

109 見《易‧乾‧文言》：「元者，善之長也；亨者，嘉之會也；利者，義之和也；貞者，事之幹也。君子體仁足以長人，嘉會足以合禮，利物足以和義，貞固足以幹事。」

110 *Libro dei Mutamenti*, Appendice IV, I, I, 1.

111 See *Mt* 22:34-40; *Mk* 12:28-34; *Lk* 10:25-28.

112 See *1 Jn* 4:7-21

practise virtue. If we love the Lord of Heaven He loves and rewards us; how could there be anything unfavourable ?

夫仁之說，可約而以二言窮之，曰：「愛天主，為天主無以尚；而為天主者，愛人如己也。」行斯二者，百行全備矣。然二亦一而已。[113]篤愛一人，則並愛其所愛者矣。天主愛人，吾真愛天主者，有不愛人者乎？[114]此仁之德所以為尊，其尊非他，乃因上帝[115]。借令天主所以成我者，由他外物，又或求得之而不能得，則尚有歉。然皆由我內關，特在一愛云耳。孰曰吾不能愛乎？天主諸善之聚，化育我，施生我，使我為人，不為禽虫，且賜之以作德之性。吾愛天主，即天主亦寵答之，何適不詳乎？[116]

La dottrina della benevolenza potrebbe essere così riassunta: amare il Signore del Cielo, poiché Egli è incomparabile e supremo; e amare gli altri come se stessi, per amore del Signore del Cielo. Se qualcuno la osserva, le sue cento opere saranno perfette.[117] Ma questi due precetti sono, in definitiva, uno soltanto. Chi ama sinceramente qualcuno, ama anche ciò che costui ama; poiché il Signore del Cielo ama le persone, se amiamo veramente Lui come potremo non amare loro?[118] È solo per questo che la virtù della benevolenza è così nobile: perché equivale all'amore nei confronti del Sovrano Supremo. Se il Signore del Cielo volesse utilizzare qualcosa di esteriore al fine di condurmi alla perfezione, potrei cercare di ottenerlo; ma non se non ci riuscissi, rimarrei nell'imperfezione. Tutto però dipende dall'interiorità, in particolare dall'amore; e chi può dire di non riuscire ad amare ? Il Signore del Cielo è la somma di tutti i beni: ci ha creati, ci nutre, ha fatto sì che fossimo persone e non animali, e

---

113 《瑪竇福音》二十二 37～40：「你應全心，全靈，全意，愛上主你的天主。這是最大也是第一條誡命。第二條與此相似：你應當愛近人如你自己。全部法律和先知，都繫於這兩條誡命。」

114 參見《若望一書》四 11：「可愛的諸位，既然天主這樣愛了我們，我們也應該彼此相愛。」

115 上帝，FJ 本作「天主」。

116 利瑪竇一開始就把「仁」解釋為「愛人」，跟儒家是一致的。然後，他給「仁」加了新的含義，即愛天主。最後，他提出了愛天主是第一位的，因為愛天主包含愛人。

117 Cf. *Mt* 22,34-40; *Mc* 12,28-34; *Lc* 10,25-28.

118 Cf. *1Gv* 4,7-21

inoltre ci ha dato una natura con cui possiamo praticare la virtù. Se amiamo il Signore del Cielo Egli ci predilige e ci ricompensa; come potrebbe sussistere qualcosa di infausto ?

469.

The will of the human heart is directed towards good; the greater the good, the greater the satisfaction of the will. The goodness of the Lord of Heaven is infinite, therefore our virtue can grow without limits; and consequently He only can satisfy our nature. But if we do not understand goodness, we certainly cannot love Him. Knowing that a cowry long a *cun* is worth a hundred, we love it to the extent of a hundred; knowing that a large ring of precious jade is worth a thousand, we love it to the extent of a thousand. Thus, the intention of love is shown by reason; those wishing to attain a higher degree of benevolence must first make the greatest efforts of heart and mind to understand the truth of the Lord of Heaven, in order to know His teachings and obey them.

人心之司愛向於善，則其善彌大，司愛者亦彌充。天主之善無限界，則吾德可長，無定界矣，則夫能充滿我情性，惟天主者也。然於善有未通，則必不能愛。故知寸貝之價當百，則愛之如百；知拱璧之價當千，則愛之如千。是故愛之機在明達，而欲致力以廣仁，先須竭心以通天主之事理，乃識從其教也。[119]

La volontà del cuore umano è diretta verso il bene; più grande è il bene, maggiore è l'appagamento della volontà. La bontà del Signore del Cielo è infinita, quindi la nostra virtù può crescere senza limiti; e di conseguenza solo Lui può soddisfare la nostra natura. Però se non comprendiamo il bene, certamente non possiamo amarlo. Sapendo che una conchiglia lunga un cun vale cento, la amiamo come cento; sapendo che un grande anello di giada preziosa vale mille, lo amiamo come mille. Così, l'intenzione dell'amore è indicata dalla ragione; chi vuol arrivare a un grado più alto di benevolenza deve prima fare i più grandi sforzi del cuore e della mente per comprendere la verità del Signore

---

119 利瑪竇說明，人們要成善，並不是通過天主的外在、直接的拯救，而是因為「司明」（即理智）指向天主，「司愛」也要指向天主。關於「司明」與「司愛」的互補關係，參見前文 451。

del Cielo, al fine di conoscere i Suoi insegnamenti e di obbedire ad essi.

470.

The Chinese Scholar says: The truth of the Lord of Heaven is invisible, it is not perceivable by the sense of sight; that which one believes are the words and writings of other people. If one put one's faith in the knowledge of others, which is very vague in itself, how can one determine the direction to follow ?

中士曰：天主事理，目不得見，所信者，人所言所錄耳。信人之知，惟恍惚之知，何能決所向往？

Il Letterato Cinese dice: La verità del Signore del Cielo è invisibile, è qualcosa che non si può percepire con la vista; ciò a cui si crede sono parole e scritture di altri uomini. Riponendo la propria fiducia nella conoscenza altrui, che di per sé è molto vaga, come si può stabilire la direzione da seguire ?

471.

The Western Scholar replies: Man has a physical body, and when he puts himself in relation with others he necessarily has to trust them; how much more will this be so when he puts himself in relation with the invisible ? I would not now like to address matters that are too remote, but I will give an example: when you attentively cultivate filial piety towards your parents, how can you know that you are really exercising it ? It is only by trusting the words of others that you know this man to be your father, he who begot you. If you did not trust what you were told, how could you arrive to know it by yourself ?

西士曰：人有形者也，交於人道者，非信人不可，況交乎無形者耶？今余不欲揭他遠事也。子孝嚴親，無所不至，然子何以知孝？惟信人之言，知其乃生己之父也；非人言，自何以知之乎？

Il Letterato Occidentale replica: L'uomo ha un corpo materiale, e quando si mette in rapporto con gli altri deve necessariamente fidarsi di loro; quanto più avverrà così quando si mette in rapporto con l'invisibile ? Ora non vorrei affrontare argomenti troppo remoti, ma facendo un esempio: nel coltivare con attenzione la pietà filiale verso i Suoi genitori, Lei come fa a sapere che la sta attuando veramente ? È solo fidandosi delle parole di altri che Lei sa che quell'uomo è Suo padre, colui il quale L'ha generata. Se non si fidasse di ciò che Le è stato detto, come potrebbe arrivare a conoscerlo da solo ?

472.

You serve your sovereign faithfully and have no regrets, even if you were to give your life for him. That he is your sovereign, however, is something you believe on the trust from the communication given by official records; how could a minister know of his own accord who his master really is ?

子又忠於君，雖捐命無悔，其為君，亦只信經書所傳耳，臣孰自知其為己君乎？

Lei serve fedelmente il Suo sovrano e non ha rimpianti, anche se dovesse dare la vita per lui. Che quello sia il Suo sovrano, però, è qualcosa che crede grazie alla comunicazione datane dai libri ufficiali; come potrebbe un ministro conoscere da solo chi sia veramente il suo signore ?

473.

Now, what I believe is provided with real proof, and one cannot say that it is not true or clear; it is sufficient for the foundation of the virtue of benevolence. Besides, the teaching of the Lord of Heaven does not come from an ordinary man; He himself bestowed His true word, which wise people of many nations have transmitted to us and which is followed by the worthiest under heaven. Believing in it is certainly not absurd, how could you consider it something vague ?

則吾所信有實據，不可謂不真切明曉，足以為仁之基也。況夫天主事，非一夫之言，天主親貽正經，諸國之聖賢傳之，天下之英俊僉從之，信之固不為妄，何恍惚之有？

Ora, ciò che io credo possiede reali argomenti di prova, e non si può dire che non sia vero o chiaro; è sufficiente a fondare la virtù della benevolenza. Inoltre, l'insegnamento del Signore del Cielo non proviene da un uomo comune; Egli stesso ha donato la Parola vera, che i saggi di molte nazioni ci hanno trasmesso e che viene seguita dai migliori uomini sotto il cielo. Credere in essa non è certamente assurdo, come potrebbe considerarla qualcosa di vago ?

474.

The Chinese Scholar says: In this case, I believe in it without any doubt. But the Way of benevolence is great and, like heaven and earth, it embraces all things; to limit it only to love would seem too petty to me.

中士曰：如此，則信之無容疑矣。但仁道之大，比諸天地無不覆載，今曰一愛已爾，似乎太隘。

Il Letterato Cinese dice: In tal caso ci credo senza alcun dubbio. Però la Via della benevolenza è grande, e come il cielo e la terra abbraccia ogni cosa; limitarla solo all'amore mi sembrerebbe troppo meschino.

475.

The Western Scholar replies: Sensual love is the master of the other passions; how much more important, then, is spiritual and reasonable love?[120] A person who pursues material riches, for example, regards wealth as good and poverty as evil. Therefore, he loves material riches; if he does not yet own them, he desires to obtain them; if he is in a condition to own them, he hopes to obtain them; if he has no way of owning them, he abandons them; if he has already obtained them, he is filled with joy; if somebody robs him of what he owns, he hates them; if he is worried lest somebody rob him, he runs away from them; if he can win, he fights boldly; if he cannot win, he is fearful; if he loses what he loves, he is sad; if he is deprived of what he loves by someone strong and difficult to resist, he tries to oppose him somehow, or he flies into a rage wanting revenge. These eleven passions are all produced from the attachment to material riches.[121]

西士曰：血氣之愛，尚為群情之主[122]，矧神理之愛乎？試如逐財之人，以富為好，以貧為醜，則其愛財也。如未得，則欲之；如可得，則望之；如不可得，則棄志[123]；既得之，則喜樂也；若更有奪其所取者，則惡

---

120 See *STh*, I-II, 25, 2.
121 See the Thomistic treatise on passions: *STh*, I-II, 24-48.
122 參見阿奎那《神學大全》第二集第一部 25 題 2 節（第四冊，第 262 頁）：「愛是慾情中的第一個」。
123 志，FJ 本作「之」。

之；慮為人之所奪，則避之；如可勝，則發勇爭之；如不可勝，則懼之；一旦失其所愛，則哀之；如奪我愛者強而難敵，則又或思御之；或欲復之，而忿怒也。此十一情者，特自一愛財所發。[124]

Il Letterato Occidentale replica: L'amore sensuale è il padrone delle altre passioni; quanto più importante è allora l'amore spirituale e ragionevole?[125] Chi persegue i beni materiali, ad esempio, considera la ricchezza come un bene e la povertà come un male. Egli perciò ama i beni materiali; se ancora non li possiede, li desidera; se è in condizione di averli, ci spera; se non ne è in grado, li abbandona; se già li ha, è colmo di gioia; se qualcuno lo deruba di ciò che gli appartiene, lo odia; se è preoccupato che qualcuno possa derubarlo, fugge da lui; se può vincere, combatte audacemente; se non può vincere, ha paura; se perde ciò che ama, è triste; se è privato di ciò che ama da qualcuno forte e difficile da contrastare, cerca in qualche modo di opporglisi, oppure si infuria desiderando la vendetta. Queste undici passioni derivano tutte dall'attaccamento ai beni materiali.[126]

476.

To sum up: whenever an appetite towards something is born, the heart changes; and then how can the body remain calm and indifferent and do nothing?[127] Thus, those who love material things will go wherever necessary to look after their own affairs, so as to obtain profits; those who love lust will face large expenses from morning to night, so as to provide for their favourite

---

124 亞里士多德列舉一些情感。參見《尼各馬克倫理學》105b22～23，第二卷第五章。阿奎那提出十一種情感：「這樣說來，可見在慾情方面有三對情，即：愛（好）與憎惡，願望與逃避，喜樂與哀愁。在憤情方面也有三組，即：企望與失望，畏懼與勇猛，以及忿怒；忿怒沒有相與對立者。所以，類別不同的情共為十一種，六種在慾情方面，五種在憤情方面。這十一種，包括了靈魂所有的情。」（《神學大全》，第二集第一部 23 題 4 節，第四冊，第 252 頁）利瑪竇好像用一個記憶術把這十一種情列舉了出來（*amor, desiderium, spes, desperatio, delectatio, odium, fuga, audacia, timor, tristitia, ira*）。在上文中（83），利瑪竇提出了儒家的七情；他也提出了 4 情（122）。

125 Cf. *STh*, I-II, 25, 2.

126 Cf. il trattato tommasiano sulle passioni: *STh*, I-II, 24-48.

127 See *STh*, I-II, 28, 6.

concubines; those who love fame will face one hundred dangers throughout their life, so as to achieve their purpose; those who love rank and official emoluments will devote themselves with sacrifice to the study of civil and military arts, so as to acquire a deep expertise in them. The ten thousand things under heaven are done for love; why should the love for the Lord of Heaven be an exception ? Those who love the Lord of Heaven worship and serve Him, make His meritorious deeds widely known, divulge His teachings, hand down His holy doctrine, and refute heresies.

總之，有所愛，則心搖，其身體豈能靜漠無所為乎？故愛財者，必逝四極交易以殖貨；愛色者，必朝暮動費以備嬖妾；愛功名者，終身經歷百險，以逞其計謀；愛爵祿者，攻苦文武之業，以通其幹才。天下萬事皆由愛作，而天主之愛，獨可已乎？愛天主者，固奉敬之，必顯其功德，揚其聲教，傳其聖道，闢彼異端者。

Riassumendo: ogniqualvolta nasce un appetito nei confronti di qualcosa, il cuore muta; e allora come può il corpo restare calmo e indifferente senza far nulla?[128] Perciò chi ama i beni materiali dovrà recarsi dappertutto a curare i propri affari, per ottenere profitti; chi ama la lussuria affronterà grandi spese dalla mattina alla sera, per provvedere alle concubine preferite; chi ama la fama affronterà cento pericoli nel corso della vita, per raggiungere il suo scopo; chi ama le cariche e gli emolumenti ufficiali si dedicherà con sacrificio allo studio delle arti civili e militari, per acquistarne una profonda competenza. Le diecimila cose sotto il cielo sono fatte per amore; perché mai l'amore verso il Signore del Cielo dovrebbe costituire un'eccezione ? Chi ama il Signore del Cielo Lo venera e Lo serve, divulga con sicurezza le Sue opere meritorie, diffonde i Suoi insegnamenti, tramanda la Sua santa dottrina e confuta le eresie.

477.

Sincere love for people is the result of the love for the Lord of Heaven. It is said that benevolence is the love for one's neighbour; if one does not love one's neighbour, how can one witness one's sincere reverence for the Supreme Ruler ?

---

128 Cf. *STh*, I-II, 28, 6.

This love is not idle, but is practised by feeding the hungry, by giving drink to the thirsty, by clothing the naked, by giving a home to the homeless, by comforting compassionately those suffering from disasters, by instructing the ignorant, by admonishing the sinners, by forgiving those who humiliate us, by burying the dead, and by not forgetting to pray to the Supreme Ruler for all people, living and dead.[129] In former times in the West a man asked a saint: "What should I do to be perfect?" He replied: "Love the Lord of Heaven, and do as you wish."[130] The saint meant that if a person decides to follow this wise advice, he will certainly not take the wrong path.

　　然愛天主之效，莫誠乎愛人也。所謂「仁者愛人」[131]，不愛人，何以驗其誠敬上帝[132]歟？[133]愛人非虛愛，必將渠饑則食之，渴則飲之，無衣則衣之，無屋則捨之，憂患則恤之、慰之；愚蒙則誨之，罪過則諫之，侮我則恕之，既死則葬之，而為代祈上帝[134]，且死生不敢忘之。[135]故昔大西有問於聖人者曰：「行何事則可以至善與？」曰：「愛天主，而任汝行也。」[136]聖人之意，乃從此哲引者，固不差路矣。

L'amore sincero per gli uomini è il risultato dell'amore per il Signore del Cielo. Si dice che la benevolenza è l'amore nei confronti del prossimo; se non si ama il prossimo, come si può testimoniare la sincera venerazione per il Sovrano Supremo ? Questo amore non è vuoto, ma si mette in pratica nutrendo gli affamati, dando da bere agli assetati, vestendo chi è nudo, donando una casa ai senza tetto, confortando compassionevolmente chi è stato vittima di sciagure,

---

129 See *Mt* 25:31-46.

130 Augustine of Hippo, *In Epistolam Joannis*, VII, 8.

131 見《孟子‧離婁下》：「仁者愛人，有禮者敬人。」在《論語‧顏淵》中有類似的表述，參見上文 457。

132 上帝，FJ 本作「天主」。

133 參見《若望一書》四 20：「假使有人說：我愛天主，但他卻惱恨自己的弟兄，便是撒謊的；因為那不愛自己所看見的弟兄的，就不能愛自己所看不見的天主。」

134 上帝，FJ 本作「天主」。

135 利瑪竇列舉了十四個善功。按照《瑪竇福音》二五 35～39，有六個具體的善功，加上了喪禮，一共七個。另外，還有七個靈性善功。亦參見《哀矜行詮》等天主教要理書籍。

136 引自奧古斯丁《若望書》（*In epistolam Ioannis ad Parthos tractatus decem*）第七卷：「愛；你想做什麼，你做吧」（Dilige, et quod vis fac）。

istruendo gli ignoranti, ammonendo i peccatori, perdonando chi ci umilia, seppellendo i morti, e non dimenticando di pregare il Sovrano Supremo per tutti gli uomini vivi e defunti.[137] Nel passato, in Occidente, un uomo chiese a un santo: "Che cosa dovrei fare per essere Perfetto ?" Questi rispose: "Ama il Signore del Cielo, e fa' ciò che vuoi"[138] Il santo intendeva dire che se un uomo decide di seguire questo sapiente consiglio, sicuramente non sbaglierà la strada.

478.

The Chinese Scholar says: To love the good seems reasonable; but not all people are good. Evil people are not to be loved; all the more, how are they to be loved deeply ? In case they are strangers, there is no great problem; but actually, if it comes to those falling within the Five Relationships, we Chinese love them, even if they are evil. Although Shun's father was Gusou and his younger brother was Xiang, yet he still loved them.[139]

中士曰：司愛者用於善人，可耳。人不皆善，其惡者必不可愛，況厚愛乎？若論他人，其無大損；若論在五倫之間，雖不善者，我中國亦愛之，故父為瞽瞍，弟為象，舜猶愛友焉。[140]

Il Letterato Cinese dice: Amare i buoni, va bene; ma non tutti gli uomini sono buoni. I cattivi non devono essere amati; a maggior ragione, come possono essere amati profondamente ? Trattandosi di estranei, ciò non costituisce un gran problema; ma in effetti, se si tratta di coloro che rientrano nelle cinque relazioni, noi cinesi li amiamo lo stesso anche se sono cattivi. Malgrado il padre di Shun fosse Gusou e suo fratello minore fosse Xiang, egli li amava ugualmente.[141]

---

137 Cf. *Mt* 25,31-46.

138 Agostino d'Ippona, *In Epistolam Joannis*, VII, 8.

139 舜 Shùn (about 2200-2100 BC), one of the Five Emperors, was an outstanding example of virtue. Despite his father 瞽瞍 Gǔsǒu was unable to recognize 舜 Shùn's merits, and his half-brother 象 Xiàng tried repeatedly to kill him, he never ceased to feel benevolence towards them.

140 瞽瞍是舜的父親，像是舜同父異母的弟弟，二人皆為惡人，而舜仍以愛相待。其事見《尚書・堯典》、《孟子・萬章上》、《孟子・盡心上》、《史記・五帝本紀》等章節。也參前文336。

141 舜 Shùn (circa 2200-2100 a.C.), uno dei Cinque Imperatori, fu uno straordinario esempio di virtù. Malgrado il padre 瞽瞍 Gǔsǒu fosse incapace di riconoscere i

479.

The Western Scholar replies: In common parlance, benevolence is equated with love. It, however, refers only to what can be reciprocated; so the love for animals, metals and stones is not benevolence. If benevolent love were also reciprocated by hate, should we, on account of this, stop loving?[142]

西士曰：俗言仁之為愛，但謂愛者可相答之物耳，故愛鳥獸金石非仁也。然或有愛之而反以仇，則我可不愛之乎？[143]

Il Letterato Occidentale replica: Nel modo comune di parlare la benevolenza è equiparata all'amore. Esso, però, si riferisce solo a ciò che può essere ricambiato; quindi l'amore per gli animali, i metalli e le pietre non è benevolenza. Se anche l'amore benevolente fosse ricambiato dall'odio, dovremmo per questo smettere di amare?[144]

480.

The principle of benevolence consists solely in wishing that another person should obtain what is good and beautiful, not in the desire to achieve goodness and beauty for one's own advantage. For instance: one loves a liqueur not because of its beauty but of its good flavour, and because one can taste it; it cannot be said, then, that one has benevolence towards the liqueur. To love one's son means, instead, to wish his good: namely, to wish that he may have wealth and honour, security and serenity, talent and knowledge, virtue and capacity to do right; that is what is meant by loving one's son. If you were only to love your son because he, in the future, will take care of you, that would not be love for him but only love for yourself; how could you call it benevolence?[145]

夫仁之理，惟在愛其人之得善之美，非愛得其善與美而為己有也。譬如愛醴酒，非愛其酒之有美；愛其酒之好味，可為我嘗也，則非可謂仁於

---

suoi meriti, e il fratellastro 象 Xiàng tentasse ripetutamente di ucciderlo, non cessò mai di avere benevolenza nei loro confronti.

142 See *Lk* 5:47.

143 參見《瑪竇福音》五 47：「你們若只問候你們的弟兄，你們做了什麼特別的呢？外邦人不是也這樣做嗎？

144 Cf. *Lc* 5,47.

145 See *Lk* 7:33.

酒矣。愛己之子，則愛其有善，即有富貴、安逸、才學、德行，此乃謂仁愛其子；若爾愛爾子，惟為愛其奉己，此非愛子也，惟愛自己也，何謂之仁乎？[146]

Il principio della benevolenza consiste unicamente nel desiderio che un'altra persona ottenga il bene e il bello, non nel desiderio di raggiungere il bene e il bello a proprio vantaggio. Ad esempio: si ama un liquore dolce non per la bellezza ma per il buon aroma, e perché lo si può gustare; non si può dire quindi di avere benevolenza nei confronti del liquore. Amare il proprio figlio significa invece desiderare il suo bene: desiderare cioè che possa avere ricchezza e nobiltà, sicurezza e serenità, talento e conoscenza, virtù e capacità di agire rettamente; questo vuol dire amare un figlio. Se amasse Suo figlio solo perché in futuro potrà prendersi cura di Lei, questo non sarebbe amore per lui ma solo per Lei stesso; come potrebbe chiamarlo benevolenza?[147]

481.

Evil is certainly detestable, but also in an evil person one can find something good; so, no one is totally unworthy of love. The benevolent man loves the Lord of Heaven, and consequently, for the love of Him, he loves himself and others. Being aware of doing it for the Lord of Heaven, he finds every person worthy of love; how could he only love the good ? What is good in everyone is loved because it originates from the goodness of the Lord of Heaven, and not because it is man's goodness.

惡者固不可愛，但惡之中亦有可取之善，則無絕不可愛之人。仁者愛天主，故因為天主而愛己愛人，知為天主，則知人人可愛，何特愛善者乎？愛人之善，緣在天主之善，非在人之善。[148]

Il male è sicuramente detestabile, ma anche in un uomo cattivo si può trovare qualcosa di buono; così, nessuno è totalmente indegno di amore. L'uomo benevolo ama il Signore del Cielo, e di conseguenza, per amore Suo, ama se

---

146 參見《路加福音》六 33：「你們善待那善待你們的，為你們還算什麼功德？因為連罪人也這樣做。」
147 Cf. *Lc* 7,33.
148 利瑪竇表述了天主教的博愛觀念。

stesso e gli altri. Essendo consapevole di farlo per il Signore del Cielo egli trova ogni uomo degno di amore; come potrebbe amare solamente i buoni ? Ciò che c'è di buono in ogni uomo viene amato perché ha origine dalla bontà del Signore del Cielo, e non perché sia un bene propriamente umano.

482.

Therefore, though a person may be evil, we can have benevolence towards him not in order to love his wickedness, but so that he may turn from evil to good. Besides, our parents, brothers, elders have done good to us, or are bound to us by moral ties; it is appropriate of us to reward them. The commandments of the Lord of Heaven are also asking us to love our neighbour; it is appropriate for us to observe them. Not all people are equal; but even though not all of them are good, how could we suffocate our love for them ? Some love their parents, but not for the love of the Lord of Heaven; this is a good disposition, but it is not the perfect virtue of benevolence: even if a tiger's cub should become a leopard, the tiger would love it, because the tiger has begotten it. Thus, those who wish to do the will of the Lord of Heaven will love all people and the ten thousand beings under heaven, without any need to speak nonsensically about the organic unity of all things.

　　故雖惡者亦可用吾之仁，非愛其惡，惟愛其惡者之或可以改惡而化善也。況雙親、兄弟、君長與我有恩有倫之相繫，吾宜報之；有天主誠令慕愛之，吾宜守之[149]；又非他人等乎，則雖其不善，豈容斷愛耶？人有愛父母，不為天主者，茲乃善情，非成仁之德也，雖虎之子為豹，均愛親矣。故有志於天主之旨，則博愛於人以及天下萬物，不須徒膠之為一體耳。[150]

Pertanto, anche se un uomo è malvagio, possiamo avere benevolenza verso di lui non per amare la sua malvagità, ma affinché possa convertirsi dal male al bene. Inoltre, i genitori, i fratelli, i superiori ci hanno fatto del bene, o sono

---

149 蓋指基督教「十誡」之「第四誡」——「應孝敬你的父親和母親」，而羅明堅的《天主實錄》已將「十誡」帶入漢語語境，其第四誡乃是「當愛親敬長」。

150 「愛」的根不在於感情，而在於人的本性，不過，這種博愛並沒有取消人際關係。

vincolati a noi da legami di ordine morale; è conveniente per noi ricompensarli. Anche i comandamenti del Signore del Cielo ci chiedono di amare il prossimo; è conveniente per noi osservarli. Non tutte le persone sono uguali; anche se non tutte sono buone, come potremmo soffocare il nostro amore per loro ? C'è chi ama i propri genitori, ma non per amore del Signore del Cielo; questa è una buona disposizione, ma non è la virtù perfetta della benevolenza: anche se il cucciolo di una tigre diventasse un leopardo, la tigre lo amerebbe poiché lo ha generato. Così, coloro che desiderano compiere la volontà del Signore del Cielo ameranno tutti gli uomini e i diecimila esseri sotto il cielo, senza bisogno di fare discorsi assurdi sull'unità organica di tutte le cose.

483.

The Chinese Scholar says: Mundane people who read the classic books only look at them, without being able to understand their meaning. I once read the *Book of Odes*, which says: "This king Wen, very vigilantly and reverently, faithfully served the Supreme Ruler; so he received copious blessings and benefits for others, and his virtue was great and unyielding."[151] Now, having heard your profound speech on benevolence, and on how it is oriented to the Lord of Heaven, I understand for the first time what was meant by the author of that book: whoever serves the Lord of Heaven will have an unblemished virtue. However, since benevolence means nothing else but love for the Lord of Heaven, and He certainly loves man with benevolence, what need is there to burn incense and pay worship, reciting prayers and demonstrating one's own merits ? Surely, all that is needed is to be vigilant in the actions of each day, making sure that they conform to the right order of things.

中士曰：世之誦讀經書者，徒視其文而闇其旨。某曩者嘗誦《詩》云：「維此文王，小心翼翼，昭事上帝，聿懷多福，厥德不回。」[152]今聞仁之玄論歸於天主，而始知詩人之旨也：志事上帝[153]即德無缺矣。然仁既惟愛天主，則天主必眷愛仁人，何須焚香禮拜、誦經作功乎？吾檢慎於日

---

151 *Book of Odes*, III, I, II, 3.
152 引自《詩・大雅・大明》。此段引文另見於 105 及 406。
153 上帝，FJ 本作「天主」。

用，各合其義，斯已焉。[154]

Il Letterato Cinese dice: Gli uomini del mondo che leggono i libri classici li guardano soltanto, senza essere in grado di comprenderne il senso. Una volta leggevo il *Libro delle Odi*, che dice: "Questo re Wen, con molta attenzione e reverenza, serviva fedelmente il Sovrano Supremo; così riceveva una copiosa benedizione e benefici per gli altri, e la sua virtù era grande e senza cedimenti"[155] Ora, avendo udito il Suo profondo discorso sulla benevolenza, e su come essa si orienti al Signore del Cielo, comprendo per la prima volta che cosa volesse dire l'autore di quel libro: chiunque serva il Signore del Cielo avrà una virtù senza difetti. Tuttavia, poiché benevolenza non significa altro che amore per il Signore del Cielo, ed Egli certamente ama l'uomo benevolo, che bisogno c'è di bruciare incenso e di prestare culto, di recitare le preghiere e di dimostrare i propri meriti ? Sicuramente, tutto ciò che è necessario è di essere vigilanti nelle azioni di ogni giorno, accertandosi che siano conformi al retto ordine delle cose.

484.

The Western Scholar replies: The Lord of Heaven has bestowed on us both the body and the spirit, and we must use both to serve Him.[156] The Lord of Heaven created animals and nourishes them, He has splendidly provided for the ten thousand beings; but they do not know how to repay Him. Only man is able to construct religious buildings, to perform sacrificial rites, to pray and to worship as an expression of gratitude; and why ? Because the Lord of Heaven loves man more than all other beings! The mercy of the great Father fears lest external things should mislead the inner benevolence of man; therefore He commanded the saints to establish external rites inspiring our inner virtue, so that we can always preserve and meditate it, we can every day raise our eyes and pray for His grace, and, when we have received what we have asked of Him, we

---

154 通過中士，利瑪竇闡述了一個很重要的論點：基督教哲學使得中國人能正確
　　地理解自己的經典。當然，這個論點會引起爭議。
155 *Libro delle Odi*, III, I, II, 3.
156 See *STh*, I-II, 86, 1.

can praise Him for His goodness and never forget to express our gratitude. Moreover, we must understand that every single hair has been given to us from above; let us increase our good will even more, and the reward in the life to come will assuredly be plentiful.

西士曰：天主賜我形神兩備，我宜兼用二者以事之。天主繁育鳥獸，昭佈萬象，而其竟莫有知所酬報者；獨人類能建殿堂、設禮祭、祈拜誦經，以申感謝，何者？天主之愛人甚矣。大父之慈，恐人以外物幻其內仁，則命聖人作此外儀，以啟吾內德，而常存省之，俾吾日日仰目，禱祈其恩。既得之，則謳揚其盛，而感之不忘，且以是明我本來了無毫髮之非上賜，而因以增廣吾仁，且令後世彌厚享賞也。

Il Letterato Occidentale replica: Il Signore del Cielo ci ha donato sia il corpo sia lo spirito, e noi dobbiamo usare entrambi per servirLo.[157] Il Signore del Cielo ha creato gli animali e li nutre, ha provveduto splendidamente ai diecimila esseri; ma essi non sanno come ricambiarLo. Solo l'uomo è capace di costruire edifici sacri, di compiere riti sacrificali, di pregare e di venerare come espressione di gratitudine; e perché ? Perché il Signore del Cielo ama gli uomini più di tutti gli altri esseri! La misericordia del grande Padre teme che le cose esteriori possano fuorviare la benevolenza interiore dell'uomo; perciò ha comandato ai santi di istituire riti esteriori che ispirino la nostra virtù interiore, in modo da poterla sempre preservare e meditare, da poter innalzare ogni giorno il nostro sguardo e pregare per la Sua grazia, e quando abbiamo ricevuto ciò che Gli abbiamo chiesto, da poterLo lodare per la Sua bontà senza mai dimenticarci di esprimere la nostra gratitudine. Inoltre, dobbiamo comprendere che ogni singolo capello ci è stato donato dall'Alto; accresciamo ancor di più la nostra benevolenza, e la ricompensa nella vita che verrà sarà di certo abbondante.

485.

The prayer taught to us by the Lord of Heaven consists in nothing but the adoration of the Supreme Ruler and His praise, the request for forgiveness for the sins committed, and the request for the grace necessary to overcome

---

157 Cf. *STh*, I-II, 86, 1.

dangers, to avoid mistakes and to make progress towards perfect virtue. Thus, whoever often recites it has more and more faith in this Way, and constantly increases the light in his heart in order to understand the secrets of this knowledge. Fearing that evil thoughts can invade man's heart and lead it to dissipation, the Lord of Heaven has also established liturgy; so men and women every day recite the canonical prayers, and worship Him to bring evil to an end.

天主之經無他，只是欽崇上帝[158]恩德而諧美之，或祈恕宥昔者所犯罪惡，或乞恩祐以勝危難，以避咎愆，以進於至德。故數數誦之者，必益敦信此道，愈闢心明，以達學術之隱也。又恐污邪妄[159]想，侵滑人心，因而渙散，於是天主又教之以禮，不拘男女，咸日誦經拜叩，以閟其邪。

La preghiera insegnataci dal Signore del Cielo non consiste in altro che nell'adorazione del Sovrano Supremo e nella Sua lode, nella domanda di perdono per i peccati commessi, e nella richiesta della grazia necessaria a superare i pericoli, evitare gli errori e progredire in direzione della perfetta virtù. Perciò chi la recita spesso ha sempre più fede in questa Via, e accresce costantemente la luce del suo cuore al fine di comprendere i segreti di tale conoscenza. Temendo che i pensieri malvagi possano invadere il cuore dell'uomo e condurlo alla dissipatezza, il Signore del Cielo ha istituito anche la liturgia; così uomini e donne recitano ogni giorno le preghiere canoniche, e Lo adorano per porre fine al male.

486.

The way of cultivation taught by our Lord of Heaven has nothing to do with the teachings on emptiness and nirvāṇa[160] of Laozi and Buddha; it only aims to lead the human heart, through sincerity and truth, to the wondrous Way of benevolence. It initially sweeps away all evil from the heart, next illuminates darkness and doubt, and eventually conforms to the benevolence of the Lord of

---

158 上帝，FJ 本作「上主」。

159 妄，底本、BC 本作「忘」，FJ 本作「妄」，據 FJ 本改。

160 The Sanskrit word "nirvāṇa" (in Chinese 寂寞 jìmò, literally "peace", "silence", "solitude") points to the supreme experience of Buddhism, the ultimate goal of human existence: that is the final liberation from pain (duḥkha).

Heaven. Man's heart will then be at one with that of the Lord of Heaven; and so man will not be different from angels. If one carries out this way of cultivation, one will certainly find it effective; but I have no time now to expound it in detail.

夫吾天主所授工夫，匪佛老空無寂寞之教[161]，乃悉以誠實引心於仁道之妙。故初使掃去心惡，次乃光其闇惑，卒至合之於天主之旨，俾之化為一心，而與天神無異。用之必有其驗，但今不暇詳解耳。

La pratica trasmessa dal nostro Signore del Cielo non ha nulla a che vedere con gli insegnamenti sul vuoto e sul nirvāṇa[162] di Laozi e di Buddha; mira soltanto a condurre il cuore dell'uomo, tramite la sincerità e la verità, alla meraviglia della Via della benevolenza. Essa inizialmente spazza via tutti i mali dal cuore, poi illumina l'oscurità e i dubbi, e alla fine è conforme alla benevolenza del Signore del Cielo. Il cuore dell'uomo sarà allora una cosa sola con quello del Signore del Cielo; e così l'uomo non sarà diverso dagli angeli. Se si mette in atto questa pratica, la si troverà certamente efficace; però ora non ho il tempo di esporla nei particolari.

487.

In my humble opinion, the learned people of your noble country have a common weakness: they speak of cultivating the illustrious virtue, but they ignore the fact that the human will tires easily, and cannot accomplish alone the effort of virtuous practice. Moreover, they do not know how to appeal with reverence to the Supreme Ruler, so as to ask the merciful Father for help.[163] For that reason it is rare that one meets people of perfect virtue.

吾竊視貴邦儒者，病正在此。第言明德之修，而不知人意易疲，不能

---

161 前面（71～75），利瑪竇討論過佛教的「空」及道家的「無」。「寂寞」也是道家所講的「空」的別名；參見《淮南子・俶真訓》：「天含和而未降，地懷氣而未揚，虛無寂寞，蕭條霄霓。」

162 Il sanscrito "nirvāṇa" (qui in cinese 寂寞 jìmò, alla lettera "pace", "silenzio", "solitudine") esprime l'esperienza suprema del buddhismo e il fine ultimo dell'esistenza umana: la definitiva liberazione dal dolore (duḥkha).

163 See *Rm* 8:16.24-25.

自勉而修，又不知瞻仰天帝[164]，以祈慈父之祐，成德者所以鮮見。[165]

Secondo il mio modesto parere, gli uomini istruiti del Suo nobile paese hanno una debolezza comune: essi parlano di coltivare l'illustre virtù, ma ignorano il fatto che la volontà umana si stanca facilmente, e non può compiere da sola lo sforzo della pratica virtuosa. Inoltre, essi non sanno rivolgersi con venerazione al Sovrano del Cielo, per chiedere aiuto al Padre misericordioso.[166] Per questo motivo è raro che si incontrino uomini di perfetta virtù.

488.

The Chinese Scholar says: Is there any benefit in worshipping the image of the Buddha and reciting his prayers ?

中士曰：拜佛像，念其經，全無益乎？

Il Letterato Cinese dice: Non si ha alcun beneficio nel venerare l'immagine del Buddha e nel recitare le sue preghiere ?

489.

The Western Scholar replies: Not only is there no benefit, but doing so is of great harm to the straight Way. If one commits this error, the more one indulges in sacrifices and veneration, the more serious will be one's sin.

西士曰：奚啻無益乎，大害正道。惟此異端，愈祭拜尊崇，罪愈重矣。

Il Letterato Occidentale replica: Non solo non si ha alcun beneficio, ma si porta grande danno alla retta Via. Commettendo questo errore, più si indulge ai sacrifici e alla venerazione, più grave sarà il peccato.

490.

A family can only have one head, it is a crime to have two; a nation can

---

164 天帝，FJ 本作「天主」。

165 參見《羅馬書》七 18～19：「我也知道，善不在我內，即不在我的肉性內，因為我有心行善，但實際上卻不能行善。因此，我所願意的善，我不去行；而我所不願意的惡，我卻去作。但我所不願意的，我若去作，那麼已不是我作那事，而是在我內的罪惡。」

166 Cf. *Rm* 8,16.24-25.

only have one sovereign, it is a crime to have two. The universe, too, can only have one Lord; how can it not be a serious crime to have two ? Educated people wished to liberate China from these two religions, but now we see them building temples and worshipping idols; all that is like trying to dry out harmful trees while nourishing their roots: thus, they will certainly flourish.

一家止有一長，二之則罪；一國惟得一君，二之則罪[167]；乾坤亦特由一主，二之，豈非宇宙間重大罪犯乎？儒者欲罷二氏教於中國，而今乃建二宗之寺觀，拜其像，比如欲枯槁惡樹，而厚培其本根，必反榮焉。

Una famiglia può avere un solo capo, è una colpa averne due; una nazione può avere un solo sovrano, è una colpa averne due. Anche l'universo può avere un solo Signore; come può non essere una grave colpa averne due ? Gli uomini colti desideravano liberare la Cina da queste due religioni, ma ora li vediamo costruirne i templi e prestare culto agli idoli; tutto ciò è come voler disseccare alberi nocivi, nutrendo però in profondità le loro radici: allora essi, certamente, prospereranno.

491.

The Chinese Scholar says: Without any doubt, the Lord of Heaven is the worthiest of veneration in the universe; but the ten thousand nations under heaven and the nine regions are so extensive that maybe He has delegated the Buddha, the Immortals and the Bodhisattvas to protect all places;[168] as well as the Son of Heaven, who resides at the centre and deputes his officials to exercise the govern of the nine regions and the hundred districts on his behalf. Perhaps your noble country has also other deities.

中士曰：天主為宇內至尊，無疑也，然天下萬國九州之廣，或天主委此等佛祖、神仙、菩薩保固各方，如天子宅中，而差官布政於九州百郡，或者貴方別有神祖耳。

---

167 在前文（50）中，利瑪竇用同樣的論據來表達天主是唯一的。

168 The Eight Immortals (八仙 Bāxiān) are characters from Chinese mythology, revered by Daoism, who have the power to give life and destroy evil. "Bodhisattva" (in Chinese translated with 菩薩 púsà) is a Sanskrit masculine noun, literally meaning "enlightened being" – that is, "one who walks towards the awakening," or "one whose essence is the awakening."

Il Letterato Cinese dice: Senza dubbio il Signore del Cielo è il più degno di venerazione nell'universo, però le diecimila nazioni sotto il cielo e le nove regioni sono così estese che forse Egli ha incaricato il Buddha, gli Immortali e i Bodhisattva di proteggere tutti i luoghi;[169] così come il Figlio del Cielo, che risiede al centro e delega ai suoi ufficiali il compito di governare per suo conto le nove regioni e i cento distretti. Forse il Suo nobile paese ha anche altre divinità.

492.

The Western Scholar replies: This speech seems to be right but is actually wrong. If not carefully examined, it may mistakenly be believed true. The Lord of Heaven is not like a landowner who lives alone in a place, and who cannot control other places without sending people delegated by him.[170]

西士曰：此語本失而似得，不細察則誤信之矣。天主者，非若地主，但居一方，不遣人分任，即不能兼治他方者也。

Il Letterato Occidentale replica: Questo discorso sembrerebbe giusto, ma in realtà è sbagliato. Se non viene esaminato con cura, lo si può erroneamente credere vero. Il Signore del Cielo non è come un feudatario che vive da solo in un luogo, e che non può controllare altri posti senza inviare persone da lui incaricate.[171]

493.

The knowledge and power of the Supreme Ruler are unlimited; He can do everything without the need for any actions external to Him. He is omnipresent and governs majestically the nine heavens and the ten thousand nations; he bestows existence and sustains creation more easily than we can stretch out our

---

169 Gli Otto Immortali (八仙 Bāxiān) sono personaggi della mitologia cinese, venerati dal taoismo, dotati del potere di donare la vita e di distruggere il male. "Bodhisattva" (in cinese reso con 菩薩 púsà) è un sostantivo maschile sanscrito che significa letteralmente "essere illuminazione" – cioè "colui che si incammina verso il risveglio", oppure "colui la cui essenza è il risveglio".

170 See *STh*, I, 8, 2.

171 Cf. *STh*, I. 8, 2.

hand. How could He need people to deputise for Him ?

上帝[172]知能無限，無外為而成，無所不在，所御九天萬國[173]，體用造化，比吾示掌猶易，奚待彼流人代司之哉？[174]

La conoscenza e il potere del Sovrano Supremo sono illimitati; può fare tutto senza necessità di azioni a Lui esterne. Egli è onnipresente e governa maestosamente i nove cieli e le diecimila nazioni; dona l'esistenza e sostenta il creato con più facilità di quanto noi possiamo stendere le nostre mani. Come potrebbe aver bisogno di attendere qualche Suo sostituto ?

494.

Besides, two different truths cannot coexist.[175] If the religion of the Supreme Ruler is true, then all other religions are false; if any one of the other religions were true, then the religion of the Supreme Ruler would be false. The Court may have a large number of officials, each of whom has his own task, but they all serve the one ruler; before the only system of rituals and music, of laws and decrees, they are all equal. Buddhism and Daoism are different from each other; so how much more will they have to be different from the religion of the Lord of Heaven ? These religions do not worship the Supreme Ruler, they only worship themselves, ignoring the Great Origin and Root; what they proclaim and teach is decidedly different from what the Lord of Heaven has established. One might say that they have given themselves their own mandate; how could the Lord of Heaven have entrusted them with it ?

且理無二是，設上帝[176]之教是，則他教非矣；設他教是，則上帝[177]之

---

172 上帝，FJ 本作「天主」。

173 關於「九天」參前文 110。

174 利瑪竇借西士之口批駁了天主差遣神佛管理世界的說法，但在其後的耶教書籍中屢見此等言論，比如艾儒略就在崇禎四年八月於三山教堂答鄭懋與問時認為「天主化成天地之初，即生九品天神，有司天日月之運行者，有管轄城池而護守人類者。故古來之祀城隍，似亦祀護城之神意也」（《口鐸日抄》卷二，收於鐘鳴旦、杜鼎克編：《耶穌會羅馬檔案館明清天主教文獻》第七冊，臺北：臺北利氏學社，2002 年版，第 125 頁）。

175 See *STh*, I, 17, 4.

176 上帝，FJ 本作「天主」。

177 上帝，FJ 本作「天主」。

教非矣。朝廷設官分職，咸奉一君，無異禮樂，無異法令。彼二氏教自不同，況可謂天主同乎？彼教不尊上帝[178]，惟尊一己耳已，昧於大原大本焉。所宣誨諭，大非天主之制具，可謂自任，豈天主任之乎？

Inoltre, due diverse verità non possono coesistere.[179] Se la religione del Sovrano Supremo è vera, allora tutte le altre religioni sono false; se una qualsiasi delle altre religioni fosse vera, la religione del Sovrano Supremo sarebbe falsa. La Corte può disporre di un gran numero di ufficiali, ognuno dei quali ha il suo compito, ma tutti servono l'unico sovrano; davanti all'unico sistema di riti e di musica, di leggi e di decreti, tutti sono uguali. Il buddhismo e il daoismo sono diversi tra loro; quanto più dunque dovranno essere differenti dalla religione del Signore del Cielo? Queste religioni non venerano il Sovrano Supremo ma soltanto se stesse, ignorando la Grande Origine e Radice; ciò che proclamano e insegnano è decisamente diverso da ciò che ha stabilito il Signore del Cielo. Si può dire che si siano date da sole il mandato; come potrebbe averglielo affidato il Signore del Cielo?

495.

In the Scriptures of the Lord of Heaven it is said: "Beware of those who wear sheepskins but who are really ravening wolves; a good tree bears good fruit, and a bad tree bad fruit; by their deeds you will know what kind of persons they are."[180] Here we are speaking precisely of such people.

天主經曰：「妨之妨之，有著羊皮而內為豺狼極猛者。善樹生善果，惡樹生惡果，視其所行，即知何人。」[181]謂此輩耳。

Nelle Scritture del Signore del Cielo si dice: "Fate molta attenzione a coloro che indossano pelli di pecora ma, in realtà, sono lupi rapaci; l'albero buono produce frutti buoni, e l'albero cattivo frutti cattivi; dalle loro opere

---

178 上帝，FJ 本作「天主」。

179 Cf. *STh*, I, 17, 4.

180 See *Mt* 7:15-20; 12:33-37; *Jn* 10:1-17.

181 參見《瑪竇福音》七 15～17：「你們要提防假先知！他們來到你們跟前，外披羊毛，內裏卻是兇殘的豺狼。你們可憑他們的果實辨別他們：荊棘上豈能收到葡萄？或者蒺藜上豈能收到無花果？這樣，凡是好樹都結好果子；而壞樹都結壞果子。」

conoscerete che genere di uomini sono"[182] Qui parliamo proprio di questo tipo di persone.

496.

In the Scriptures of the Lord of Heaven not even half a word is false. How can the Lord of Heaven deceive people, by disseminating wrong teachings ? The false writings which report erroneous doctrines are filled with fantasies too numerous to count; none of them comes from the Lord of Heaven. For example, it is said: "At night the sun hides behind Mount Sumeru"; "There are four continents in the world which are floating on the ocean, half rising above sea level, half submerged;" "Arhan covers the sun and moon respectively with his left and right hands, which determines the solar and lunar eclipses." These topics are related to astronomy and geography, which in India were not known. Our Western scholars ridicule them, and even refuse to deal with them.

　　凡經半句不真，決非天主之經也。天主者，豈能欺人，傳其偽理乎？異端偽經，虛詞誕言難以勝數，悉非由天主出者。如曰「日輪夜藏須彌山之背」[183]，曰「天下有四大部州，皆浮海中，半見半浸」[184]，曰「阿國以左右手掩日月，為日月之蝕」[185]，此乃天文地理之事，身毒國原所未達，

---

182 Cf. *Mt* 7,15-20; 12, 33-37; *Gv* 10,1-17.

183 日輪，即指太陽；須彌，梵名 Sumeru，巴利名同。又作蘇迷盧山、須彌盧山、須彌留山、修迷樓山。略作彌樓山（梵 Meru）。意譯作妙高山、好光山、好高山、善高山、善積山、妙光山、安明由山。原為印度神話中之山名，佛教之宇宙觀沿用之，謂其為聳立於一小世界中央之高山。以此山為中心，周圍有八山、八海環繞，而形成一世界（須彌世界）。此為《長阿含經》第四分〈世記經〉以及《俱舍論》、《瑜伽師地論》等所揭示的世界建立說，又稱須彌山說，原係印度之宇宙論，佛教加以沿用。

184 四大部洲，又稱四洲、四大洲、四天下、須彌四洲、四洲形量。按古代印度人之世界觀，須彌山四方，七金山與大鐵圍山間之鹹海中，有四個大洲。一南贍部洲，舊云南閻浮提。或從林立號，或以果立名。二東勝神洲，梵云東毗提訶，舊云東弗婆提。為身形勝故，名為勝身。三西牛貨洲，梵云西瞿陀尼，舊云西瞿耶尼，為貿易牛故，名為牛貨。四北瞿盧洲，舊云北鬱單越，譯曰勝處。於四洲中土最勝，故名勝處。參見《中阿含》卷十一〈四洲經〉、《俱舍論》卷十一、《長阿含經》卷十八〈閻浮提洲品〉、《起世因本經》卷一等。

185 「阿函」即 Arhat 之音譯（參見 Pasquale M. D'Elia ed., *Fonti Ricciane* Vol.2, Roma: Libreria dello Stato, 1942-1949, p.54, n.3），則此處所云乃是遮日月之羅

吾西儒笑之，而不屑辯焉。[186]

Nelle Scritture del Signore del Cielo non c'è neanche mezza parola che sia falsa. Come può il Signore del Cielo ingannare gli uomini, diffondendo insegnamenti sbagliati？I falsi scritti che riportano dottrine erronee sono pieni di fantasie, troppo numerose per essere contate; e nessuna proviene dal Signore del Cielo. Ad esempio, si dice: "Di notte il sole si nasconde dietro il Monte Sumeru"; "Ci sono quattro continenti nel mondo che galleggiano sull'oceano, per metà emergenti dal livello del mare e per metà sommersi"; "Arhan copre il sole e la luna rispettivamente con la mano sinistra e con la mano destra, e ciò determina le eclissi solari e lunari" Questi argomenti sono legati all'astronomia e alla geografia, che in Nepal non erano conosciute. I nostri eruditi occidentali li deridono, e si rifiutano persino di trattarne.

497.

The errors of Buddhism are incalculable; now I am trying to report three or four, concerning human life. They speak of four types of birth in the Six Directions; that would be the reincarnation of the human soul. They claim that the soul of those who kill a living creature will not ascend to Heaven, or, if that were to happen, it would return to be reborn on earth; when Hell is filled, it could also be reborn into this world. They further assert that even animals, listening to Buddhist teachings, can obtain the fruits of the Way. All these words are unreasonable, and they have already clearly been refuted in Chapters 4 and 5.

吾今試指釋氏所論人道之事三四處，其失不可勝窮也。曰四生[187]六

漢，即羅睺阿修羅（亦有他名，比如羅怙羅多、羅雲等），四種阿修羅王之一。「羅睺羅」意為障月，以此阿修羅王與帝釋作戰時，手能執日月，障蔽其光，故有此名。據載，此王身量廣大，如須彌山王。舉手障日光輪，即形成日蝕；以手障月，形成月蝕。（參見《正法念處經》卷十八至卷二十一，及《起世經》卷五「阿修羅品」）。

186 此處對佛教宇宙觀的駁斥，本出自中士張養默之口，參見艾儒略：《大西西泰利先生行跡》，收於鐘鳴旦、杜鼎克編：《耶穌會羅馬檔案館明清天主教文獻》第十二冊，臺北：利氏學社，2002 年版。

187 四生：指三界六道有情產生之四種類別。據《俱舍論》卷八載，即：卵生（由卵殼出生者，稱為卵生。如鵝、孔雀、雞、蛇、魚、蟻等）、胎生（又作腹生，從母胎而出生者，稱為胎生。如人、象、馬、牛、豬、羊、驢等）、濕

道[188]，人魂輪迴，又曰殺生者靈魂不昇天堂，或歸天堂亦復廻生世界，以及地獄充滿之際，復得再生於人間，又曰禽獸聽講佛法，亦成道果，此皆拂理之語，第四、五篇已明辯之。[189]

Gli errori del buddhismo sono incalcolabili; ora provo a riferirne tre o quattro riguardanti la vita dell'uomo. Si parla di quattro tipi di nascita nelle sei direzioni; sarebbe questa la reincarnazione dell'anima umana. Si sostiene che l'anima di chi uccide una creatura vivente non sale in paradiso, o che, se ciò avvenisse, tornerebbe poi a rinascere sulla terra; quando l'inferno sarà colmo, potrebbe anche rinascere nel mondo degli uomini. Si dice, inoltre, che anche gli animali, ascoltando gli insegnamenti buddhisti, possono ottenere i frutti della Via. Tutte queste sono parole irragionevoli, già confutate con chiarezza nei capitoli IV e V.

498.

It is also said that marriage is not the right Way. Why, then, would the Lord of Heaven have created men and women, if not for mankind to reproduce ? Would it not be preposterous ? If it were not for marriage, whence would the Buddha have been born ? By forbidding to kill any life and then also to get

---

生（又作因緣生、寒熱和合生。即由糞聚、注道、穢廁、腐肉、叢草等潤濕地之濕氣所產生者，稱為濕生。如飛蛾、蚊蚰、蠮螉、麻生蟲等）、化生（無所託而忽有，稱為化生。如諸天、地獄、中有之有情，皆由其過去之業力而化生）。其中，以化生之眾生為最多。此外，尚以「四生」或「四生眾類」等語泛指一切之有情眾生，或作為有情眾生之別稱。參見《增一阿含經》卷十七、《集異門足論》卷九、《大毗婆沙論》卷一二〇、《雜阿毗曇心論》卷八、《瑜伽師地論》卷二等。

188 六道：又作六趣，即眾生各依其業而趣往之世界。即：地獄道、餓鬼道、畜生道、修羅道、人間道、天道。此六道中，前三者稱為三惡道，後三者稱為三善道。參見《法華經》卷一、北本《大般涅槃經》卷三十五、《智度論》三十、《俱舍論光記》卷八、《往生要集》卷上等。

189 第四篇論鬼神與人魂而述人魂為天主所導，無有輪迴，第五篇更詳細地斥責了輪迴的可能，但並未駁斥過「四生」，故此處可理解成前已有對佛教的辯駁。這一段利瑪竇取自《天主實錄》：「釋迦經文虛謬，皆非正理，故不可誦。姑試論之。曰：『四生六道，人魂輪迴』，又曰：『殺牲者，魂靈不得昇天。或魂歸天堂者，復能迴生世界，及地獄充滿之際者，復得再生於人間。』又曰：『禽獸來聽講法，亦得以成其道果』。」（第22頁）

married, his obvious intention was to destroy the human race and to leave everything under heaven to animals.

又言婚姻俱非正道，則天主何為生男女以傳人類，豈不妄乎？無婚配，佛從何生乎？禁殺生復禁人娶，意惟滅人類，而讓天下於畜類耳。

Si dice anche che il matrimonio non è la retta Via. Ma allora, perché il Signore del Cielo avrebbe creato gli uomini e le donne affinché il genere umano si riproducesse ? Non è forse un'assurdità ? Se non ci fosse il matrimonio, da dove sarebbe nato il Buddha ? Proibendo di uccidere qualsiasi vita e poi anche di sposarsi, la sua ovvia intenzione era distruggere il genere umano e lasciare tutto ciò che è sotto il cielo agli animali.

499.

Another text, called the *Lotus Sutra*, instructs future generations saying: "Who reads this writing will obtain Heaven and will enjoy a blessed life."[190] Now, let us reflect upon it: if a wicked man acquired this writing and recited it, then would he rise to Heaven and enjoy bliss ? Conversely, if a person perfected his virtue and practised the Way, but being poor could not purchase this writing, would he descend to Hell ?

又有一經，名曰《大乘妙法蓮花經》[191]，囑其後曰：「能誦此經者，得到天堂受福。」[192]今且以理論之，使有罪大惡極之徒，力能置經誦讀，

---

190 The *Lotus Sūtra*, or the *Mystic Law of the Lotus Sūtra* (*Saddharma Puṇḍarīka Sūtra*, in Chinese《妙法蓮華經 *Miàofǎ liánhuá jīng*》) is the most popular and influential sūtra of Mahāyāna Buddhism. It is the foundation of the 天台 Tiāntái school in China, and the 日蓮係諸宗派 Nichiren-kei sho shūha in Japan.

191 即《妙法蓮華經》，漢譯有六種，現存者有如下三種：竺法護譯《正法華經》十卷二十七品（286 年）、鳩摩羅什譯《妙法蓮華經》八卷（406 年）、闍那崛多與達磨笈多譯《添品妙法蓮華經》七卷二十七品（601 年）。其中以《正法華》最詳密；《妙法華》最簡約，然流傳亦最廣，一般所誦者即為此本。後秦鳩摩羅什譯之《妙法蓮華經》，今收於大正藏第九冊，為大乘佛教要典之一，共有二十八品。妙法，意為所說教法微妙無上；蓮華經，比喻經典之潔白完美。

192 《大乘妙法蓮華經》中多次提到誦讀此經的益處，在《分別功德品第十七》中更是集中表述了佛陀就此經典對弟子的囑託，其偈語總結為：「若有信解心，受持讀誦書；若復教人書，及供養經卷……得無量功德，如虛空無邊，其福亦如是」（《大正藏》卷九，第四十六頁上），利氏此處所說顯為化用。這

則得昇天受福；若夫脩德行道之人，貧窮困苦，買經不便，亦將墜於地
獄與？

Un altro testo, chiamato il *Sutra del Loto*, istruisce le generazioni successive dicendo: "Chi recita questa scrittura otterrà il paradiso e godrà di una vita beata"[193] Ora, ragioniamoci su: se un uomo malvagio acquistasse questa scrittura e la recitasse, salirebbe poi al Cielo e godrebbe della beatitudine ? Al contrario, se un uomo perfezionasse la propria virtù e praticasse la Via, ma essendo povero non potesse acquistarla, scenderebbe all'inferno ?

500.

It is also said that those who invoke the Amitābhaḥ Buddha over and over again will be forgiven for their sins, will enjoy peace and good fortune after death, and will experience no punishment. Is it so easy to rise from Hell to Heaven ? If that were true, not only would it not promote virtue but it would positively encourage to do evil. When the petty man hears these things and believes them, how can he not follow his base passions, befoul himself, insult the Supreme Ruler, and bring confusion into the Five Relationships, since he deems it sufficient, at the moment of agony, to invoke Buddha's name a number of times so as to become, he himself, an Immortal or a Buddha ?

又曰呼誦「南無阿彌陀佛」[194]不知幾聲，則免前罪，而死後平吉，了

一段也取自《天主實錄》：「又有一經，名曰《大乘妙法蓮花經》，囑其後人
曰：『能誦此經者，得到天堂受福。』今且以理論之，使有罪大惡極之徒，家
有錢財，買經誦讀，則得以昇天受福。若夫修德行道之人，貧窮困苦，買經
不得，亦將墜於地獄與？此釋迦之言，誠不可信。」（第22～23頁）

193 Il *Sutra del Loto*, o *Sutra della mistica Legge del Loto* (*Saddharma Puṇḍarīka
Sūtra*, in cinese 妙法蓮華經 *Miàofǎ liánhuá jīng*) è dei più popolari e influenti
sūtra del buddhismo mahāyāna, fondamento della scuola 天台 Tiāntái in Cina, e
日蓮係諸宗派 Nichiren-kei sho shūha in Giappone.

194 「南無阿彌陀佛」，歸命於無量壽覺及無量光覺也。淨土門稱之為六字名號。
歸命者，眾生一心仰賴阿彌陀佛，即眾生之信心也。「無量壽覺」或「無量光
覺者」，佛助一切眾生行體成就也。蓋眾生之信心與阿彌陀佛助眾生之行體皆
具足於此六字內。此謂機法一體之南無阿彌陀佛也。真言之口傳以此名號為
陀羅尼，為金剛界五佛。善導《觀經疏一》曰：「言南無者即是歸命，言阿彌
陀佛者即是其行，以斯義故，必得往生。」《觀無量壽經》曰：「具足十念，
稱南無阿彌陀佛。」稱念六字名號，願生西方淨土，乃廬山慧遠等所倡，當

無凶禍。如此其易，即可自地獄而登天堂乎？豈不亦無益於德，而反導世俗以為惡乎？小人聞而信之，孰不遂私欲，污本身，侮上帝[195]，亂五倫，以為臨終念佛者若干次，可變為仙佛也。

Si dice ancora che chi invoca il Buddha Amitābhaḥ non so quante volte sarà perdonato per i suoi peccati, dopo la morte godrà di pace e di buona sorte, e non sperimenterà alcun castigo. È così facile salire dall'inferno in paradiso ? Se ciò fosse vero, non solo non promuoverebbe la virtù ma incoraggerebbe a compiere il male. Quando l'uomo meschino sente tali cose e ci crede, come può non seguire le sue basse passioni, insudiciare se stesso, insultare il Sovrano Supremo e portare confusione nelle cinque relazioni, dal momento che ritiene sufficiente, nel momento dell'agonia, invocare il nome del Buddha un certo numero di volte per diventare un Immortale o un Buddha anche lui ?

501.

The rewards and punishments of the Lord of Heaven could never be so unfair and improper. What is so deep and wonderful in the words "Amitābhaḥ Buddha" in order to enable them to avert severe punishments and obtain great rewards ? If one does not praise virtue, pray for help, repent one's sins, speak of the commandments, announcing them and observing them, how can one carry out virtuous deeds and perfect oneself ? If a man makes a friend, and then he happens to lie once or twice, the other man will never again dare trust his word fully. Now, the men in question have spoken about exceedingly important matters saying a great number of lies and absurdities, yet people still believe in their discourses. How can that be explained ?

天主刑賞，必無如是之失公失正者。夫「南無阿彌陀」一句，有何深妙，即可逃重殃而著厚賞？不譖德，不祈祐，不悔己前罪，不述宜守規誡，則從何處立功修行哉？世人交友，或有一二語誑，終身不敢盡信其言。今二氏論大事，許多誑謬，人尚畢信其餘，何也？

時非純粹稱名往生，乃藉稱名而便於觀想，為專注思惟而念佛，後歷曇鸞、道綽至善導即倡「念佛往生」，而主張他力念佛。

195 上帝，FJ 本作「上主」。

Le ricompense e le punizioni del Signore del Cielo non potrebbero mai essere tanto inique e improprie. Che cosa c'è di così profondo e meraviglioso nelle parole "Buddha Amitābhaḥ" da renderle capaci di allontanare punizioni severe e di ottenere grandi ricompense ? Se non si loda la virtù, non si prega per chiedere aiuto, non ci si pente dei propri peccati, non si parla dei comandamenti annunciandoli e osservandoli, come si possono compiere azioni virtuose e perfezionare se stessi ? Se un uomo stringe amicizia con un altro, e poi gli accade di sostenere una o due menzogne, l'altro non oserà più fidarsi completamente delle sue parole. Ora, i personaggi in questione hanno parlato di cose importantissime con grande falsità e assurdità, ma la gente ancora crede ai loro discorsi. Come si spiega ?

502.

The Chinese Scholar says: When did the images of the Buddha and deities first come to be used ?

中士曰：佛神諸像，何從而起？

Il Letterato Cinese dice: Quando iniziò l'uso di rappresentare il Buddha e le divinità ?

503.

The Western Scholar replies: In ancient times people were ignorant, because they did not know the Lord of Heaven. Feeling nostalgic for those who had a little authority or for those they were fond of, people commemorated them after death, building temples and monuments in their image. After much time, people also began to burn incense and to offer paper currencies in order to obtain their blessing and protection.

西士曰：上古之時，人甚愚直，不識天主，或見世人略有威權，或自戀愛己親，及其死，而立之貌像，建之祠宇廟禰，以為思慕之跡。暨其久也，人或進香獻紙，以祈福祐。[196]

---

196 這一段同樣取自《天主實錄》：「上古之時，人甚愚直，不識天主，見其世人略有威權，及其死後，則立之貌像，置之祠宇，以為思慕之跡。及其年久，人或進香獻紙，以為祈福之基。」（第 23 頁）

Il Letterato Occidentale replica: Nei tempi antichi gli uomini erano ignoranti, poiché non conoscevano il Signore del Cielo. Provando nostalgia di quelli che avevano un po' di autorità o di coloro ai quali erano affezionati li commemoravano dopo la morte, costruendo monumenti a loro immagine e templi. Trascorso molto tempo, essi cominciarono anche a bruciare incenso e a offrire monete di carta per ottenerne la benedizione e la protezione.

504.

There were also very wicked people, who used witchcraft to subdue evil spirits. Thus, operating in a devious way, they called themselves Buddhas and Immortals; taking advantage of the dissemination of their own teaching they fraudulently promised to bestow blessings and happiness, frightening and misleading the stupid and the vulgar, and causing them to produce images and to make sacrifices in their honour. So it all began.

又有最惡之人，以邪法制服妖怪，以此異事，自稱佛仙，假布誠術，詐為福祉，以駭惑頑俗，而使之塑像祀奉，此其始耳。[197]

Ci furono altresì individui molto malvagi, che si servirono della stregoneria per soggiogare gli spiriti cattivi. Operando così in modo fuori dell'ordinario, chiamarono se stessi Buddha e Immortali; approfittando della diffusione del proprio insegnamento promisero fraudolentemente la benedizione e la felicità, spaventando e fuorviando le persone ottuse e volgari, e inducendole a fabbricare immagini e a compiere sacrifici in loro onore. Così tutto è iniziato.

505.

The Chinese Scholar says: If they are evil spirits why does the Lord of Heaven allow their existence, instead of destroying them ? Moreover, why does one sometimes obtain a response after burning incense and praying under such images ?

---

197 在 503 及 504，利瑪竇提出了阿奎那關於偶像崇拜的兩個來源。第一個來源在人民內部，他們自己欺騙自己，把一些人看作神。第二個來源在人民之外，他們受到了惡人和妖怪的欺騙。參見《神學大全》第二集第二部 94 題 4 節。下面利瑪竇更強調偶像崇拜的第二個來源。因此，只有人民受到教育，才會自動放棄偶像崇拜。

中士曰：非正神，何以天主容之，不滅之？且有焚禱像下，或致感應者。

Il Letterato Cinese dice: Se sono spiriti cattivi, perché il Signore del Cielo ne permette l'esistenza invece di distruggerli ? Inoltre, perché a volte si ottiene risposta dopo aver bruciato incenso e pregato sotto tali immagini ?

506.

The Western Scholar replies: Some prayers are answered, others are not; but the answers do not come from the images of evil spirits. Man's heart has its own intelligence, and in front of something inexplicable it reacts spontaneously, troubled by surprise; what happens is due to the thing itself, without any intervention of external forces. When man does evil, the Lord of Heaven abandons him and does not protect him; consequently, evil spirits and demons who hide in the images can take advantage of him, possess him, mislead him, deceive him, seduce him, increasing his foolishness. If man serves evil spirits his soul plunges into Hell after death, and he ends up as a slave of the demons; that is what they desire.

西士曰：有應也，亦有不應也，則其應非由彼神邪像也。人心自靈，或有非理，常自驚詫，已而規其隱者，不須外威也。又緣人既為非，則天主棄之不祐，故邪神魔鬼潛附彼像之中，得以侵迷誑誘，以增其愚。夫人既奉邪神，至其已死，靈魂墜於地獄，卒為魔鬼所役使，此乃魔鬼之願也。[198]

Il Letterato Occidentale replica: Alcune preghiere ottengono risposta, altre no; ma le risposte non provengono dalle immagini degli spiriti cattivi. Il cuore dell'uomo ha la propria intelligenza, e di fronte a qualcosa di inspiegabile reagisce spontaneamente, turbato dalla sorpresa; ciò che avviene è dovuto alla cosa in se stessa, senza alcun intervento di forze esteriori. Quando l'uomo fa il

---

[198] 《天主實錄》有類似的段落：「或問：彌陀釋迦，既非得道之人，若人求福，感應甚驗，何也？曰：此等皆邪魔惡鬼，潛附佛像之中，誑誘世人，是以求之有應也。或問：天主何故容其邪神，而不除滅之也？曰：人既為非，則天主不祐，故邪魔惡鬼，得以侵迷之（……）魔鬼因欲迷人為惡，故居於神廟，以應世人祈求。夫人之奉敬邪神，及其既死，則魂靈墜於地獄，為魔鬼所役使，此乃魔鬼之幸也」（第23～24頁）。

male, il Signore del Cielo lo abbandona e non lo protegge; di conseguenza gli spiriti cattivi e i demòni, che si nascondono nelle immagini, possono approfittarsi di lui, possederlo, traviarlo, ingannarlo, sedurlo, aumentando la sua stoltezza. Se l'uomo serve gli spiriti cattivi la sua anima precipita nell'inferno dopo la morte, e lui finisce schiavo dei demòni; questo è ciò che essi desiderano.

507.

Thankfully, the Lord of Heaven only seldom permits evil spirits to appear among people. Those we see almost never possess a nice image, on the contrary, they often have a horrible appearance: one body and one hundred arms, or three heads and six arms, or the head of an ox, or the tail of a dragon or other monstrosities like that, which cause us to understand that we are not in front of heavenly countenances, but rather of demons' evil faces. Nevertheless, people are still confused, make statues for them and place them on golden thrones, worship them, and offer sacrifices to them. How profoundly sad!

幸得天主不甚許此等邪神發見於人間[199]，見亦少以美像，常覩醜惡，或一身百臂，或三頭六臂，或牛頭，或龍尾等怪類[200]，正欲人覺悟，知其非天上容貌，乃諸魔境惡相耳。而人猶迷惑，塑其像而置之金座，拜之祀之，悲哉！

Per buona ventura, il Signore del Cielo solo di rado permette che gli spiriti cattivi appaiano tra gli uomini. Quelli che vediamo quasi mai possiedono una bella immagine, ma sovente hanno un aspetto orribile: un corpo solo e cento braccia, o tre teste e sei braccia, o la testa di un bue, o la coda di un drago o altre mostruosità del genere, che fanno capire come ci si trovi di fronte non a parvenze celesti, ma al volto malvagio dei demòni. Ciononostante la gente ancora si confonde, fabbrica loro statue e le pone su troni dorati, le adora, offre loro sacrifici. Che tristezza!

508.

Formerly, in your esteemed country, each of the three religions had a clear

---

199 問，BC 本、FJ 本作「間」。
200 利瑪竇似乎在描述佛教的某些天神。

image. In recent times a monster has appeared, whence I do not know: it has one body and three heads, and is called the Religion of the Three in One.[201] The common people should flee from it with fear, and the noblest spirits should immediately have censored it; in fact, however, they have prostrated themselves in front of it and have followed it. Will that not corrupt people's hearts even more ?

夫前世貴邦三教各撰其一，近世不知從何出一妖怪，一身三首，名曰三國教。[202]庶氓所宜駭避，高士所宜疾擊之，而乃倒拜師之，豈不愈傷壞人心乎？

Un tempo, nel Suo stimato paese, ciascuna delle tre religioni aveva una sua chiara fisionomia. Recentemente è apparso un mostro, non so da dove: ha un corpo e tre teste ed è chiamato la Religione delle Tre in Una.[203] La gente comune dovrebbe rifuggirla con spavento, e gli spiriti più nobili avrebbero dovuta subito censurarla; di fatto, invece, si sono prostrati di fronte ad essa e l'hanno seguita. Forse ciò non corromperà ancor di più il cuore degli uomini ?

509.

The Chinese Scholar says: I have heard of such a thing, but the erudite would never agree with it. I would like you to be explicit in pointing out its

---

201 Here the "Chinese scholar" alludes to the syncretism of Daoism, Buddhism and Confucianism according to which "the Three Religions are but one" (三函教 sānhánjiào). This philosophical-religious idea, dating back to the fall of the 漢 Hàn dynasty (between the third and fifth centuries), acquired particular importance since the mid-sixteenth century.

202 三函教是很罕見的說法，這裡也許指林兆恩（1517～1598）的「三一教」。不過，1596 年 10 月 13 日，利瑪竇在致他的弟弟到信中寫了他關於中國的三教（儒釋道）到看法：「我覺得這種偶像崇拜如同三頭勒耳那怪蛇（idra lernia），斬去一頭，立即長出另外三頭」。參見宋黎明《神父的新裝》（南京大學出版社，2011 年），第 177 頁。我認為，這段文比那封書信還要晚，應該跟北京 1601～1603 年反佛教運動有關。利瑪竇並不是討論某個具體的宗教如同「三一教」，而是更籠統討論當時三教合一的思想運動。在陽明後學或者在天台宗、花嚴宗都有這樣的影子。

203 Il "letterato cinese" allude al sincretismo tra daoismo, buddhismo e confucianesimo secondo cui "le Tre Religioni non sono che una" (三函教　Sānhánjiào). Questa idea filosofico-religiosa, risalente al primo periodo di divisione successiva alla caduta degli 漢 Hàn, tra il III e il V secolo, acquistò particolare rilievo a partire dalla metà del XVI secolo.

errors.

中士曰：曾聞此語，然儒者不與也，願相與直指其失。

Il Letterato Cinese dice: Ho sentito parlare di una cosa del genere, ma le persone erudite non la condividerebbero mai. Vorrei che Lei fosse esplicito nell'indicarne gli errori.

510.

The Western Scholar replies: I will employ four or five good reasons to prove its fallacies. First. The Three Religions are either all true and complete, or they are all false and incomplete, or one of them is true and complete, and the other two are false and incomplete. If one of them is true and complete, then it is sufficient to believe it; why should one practise the other two ? If they are all false and incomplete, then they should be rejected; why should one embrace all three of them ? To cause a person to practise a false religion is a sufficiently grave error; how much greater will be the error of causing him to practise three false religions ? If only one is the true and complete religion, and the other two are false and incomplete, then it is only necessary to follow the true one. Of what use are the false ones ?

西士曰：吾且具四五端實理，以證其誣。一曰：三教者，或各真全，或各偽缺，或一真全，而其二偽缺也。苟各真全，則專從其一而足，何以其二為乎？苟各偽缺，則當竟為郤屏，奚以三海蓄之哉？使一人習一偽教，其誤已甚也，況兼三教之偽乎？苟惟一真全，其二偽缺，則惟宜從其一真，其偽者何用乎？

Il Letterato Occidentale replica: Farò uso di quattro o cinque valide ragioni per provarne la fallacia. Primo. Le Tre Religioni sono tutte vere e complete; oppure tutte sono false e incomplete; oppure una è vera e completa, e le altre due sono false e incomplete. Se una è vera e completa, è sufficiente credere ad essa; perché si dovrebbero praticare le altre due ? Se sono tutte false e incomplete, dovrebbero essere rifiutate; perché abbracciarle tutte e tre ? Indurre qualcuno a praticare una falsa religione è già un errore grave; quanto più grande sarà l'errore di indurlo a praticare tre false religioni ? Se solo una è la religione vera e completa, e le altre due sono false e incomplete, allora bisogna seguire solo quella vera. A che cosa servono quelle false ?

511.

Second. A common opinion is that "good comes from faultless integrity, evil comes from single defects."[204] For example, a beautiful woman lacking a nose is widely regarded to be ugly. I have already clearly explained above how the teachings of those two individuals are defective. If they are now to be aggregated, that will inevitably result in a compound of errors and absurdities.

一曰：輿論云：「善者以全成之，惡者以一耳。」[205]如一艷貌婦人，但乏鼻，人皆醜之。吾前明釋二氏之教，俱各有病，若欲包含為一，不免惡謬矣。

Secondo. Un'opinione comune dice: "il bene risulta dall'integrità, il male da qualunque difetto"[206] Ad esempio, una bella donna a cui manchi il naso è da tutti considerata brutta. Ho già chiaramente spiegato, in precedenza, come gli insegnamenti di quei due personaggi siano difettosi. Se adesso vengono sommati, ciò darà luogo inevitabilmente a un insieme di errori e assurdità.

512.

Third. A right religion induces the faithful to believe firmly, with an unreserved and undivided heart. Instead, the faithful of the Religion of the Three in One have to divide their heart so as to follow three different paths. Will this not weaken their faith ?

一曰：正教門令入者篤信，心一無二。若奉三國之教，豈不俾心分於三路，信心彌薄乎？

Terzo. Una religione retta induce i suoi fedeli a credere fermamente, con cuore integro e senza divisioni. Invece i fedeli della Religione delle Tre in Una debbono dividere il loro cuore, in modo da seguire tre sentieri differenti. Ciò non indebolirà la loro fede ?

---

204 Ricci has already quoted this aphorism at no. 337.
205 類似的說法在 337。
206 Ricci ha già citato questa massima al n. 337.

513.

Fourth. The Three Religions involved were established by three different men. Confucius did not go along the way of Laozi, but established the Confucian school. The Buddha was dissatisfied with the Daoist and Confucian schools, and therefore brought Buddhism to China. The prospects of these religions are different from each other, but after two thousand years some speculate about the intentions of their founders, forcing them into being identical. Is this not perhaps misleading ?

一曰：三門由三氏立也。孔子無取於老氏之道，則立儒門。釋氏不足於道、儒之門，故又立佛門於中國。夫三宗自己意不相同，而二千年之後測度彼三心意，強為之同，不亦誣歟？

Quarto. Le tre religioni in questione sono state fondate da tre uomini diversi. Confucio non percorse la strada di Laozi, ma fondò la scuola confuciana. Il Buddha era insoddisfatto delle scuole daoista e confuciana, e così portò il buddhismo in Cina. Le prospettive di queste religioni sono diverse l'una dall'altra, ma dopo duemila anni si fanno congetture sulle intenzioni dei loro fondatori, forzandole ad essere identiche. Ciò non è forse ingannevole ?

514.

Fifth. One of the Three Religions emphasises non-beingness, another voidness, and the third reality and beingness. Between opposite things under heaven there are no greater distinctions than those between voidness and reality, and between non-beingness and beingness. If the Three Religions could unite beingness and non-beingness, voidness and reality, then we could also unite water and fire, squareness and roundness, east and west, heaven and earth; there would be nothing impossible under heaven.

一曰：三教者，一尚無，一尚空，一尚誠、有焉。天下相離之事，莫遠乎虛實有無也。借彼能合有與無、虛與實，則吾能合水與火、方與圓、東與西、天與地也，而天下無事不可也。

Quinto. Delle Tre Religioni una enfatizza il non-essere, l'altra la vacuità, e l'ultima la realtà e l'essere. Tra le cose opposte sotto il cielo non ci sono distinzioni più grandi che tra il vuoto e la realtà, e tra il non-essere e l'essere. Se le Tre Religioni potessero unire l'essere e il non-essere, il vuoto e la realtà, allora noi potremmo unire anche l'acqua e il fuoco, il quadrato e il cerchio, l'oriente e l'occidente, il cielo e la terra; non ci sarebbe nulla di impossibile sotto il cielo.

515.

Why is it not taken into account that the basic precepts of the Three Religions are different from one another ? If one of them forbids to kill, and another orders to kill animals to make sacrifices, then the faithful of the Religion of the Three in One wishing to accomplish the first commandment must disobey the second; to observe and to transgress, to disobey and to obey, will this not result in a total confusion ?

胡不思每教本戒不同，若一戒殺生，一令用牲祭祀，則國三者欲守此，固違彼，守而違，違而守，詎不亂教之極哉？

Perché non si tiene conto del fatto che i precetti basilari di ciascuna delle Tre Religioni sono diversi ? Se una di esse proibisce di uccidere, e l'altra ordina di ammazzare gli animali per compiere i sacrifici, allora i fedeli della Religione delle Tre in Una che desiderano seguire il primo precetto debbono disobbedire al secondo; l'osservare e il trasgredire, il disobbedire e l'obbedire, non porteranno a una confusione totale ?

516.

Those who believe in the Religion of the Three in One will find theirselves without a true religion to follow; they will be deprived of any religion, and forced to look elsewhere for the right way. Those who put their faith in the Religion of the Three in One delude themselves that they go beyond the limitations of each religion, whereas they do not really believe in any.

於以從三教，寧無一教可從。無教可從，必別尋正路，其從三者，自意教為有餘，而實無一得焉。[207]

---

[207] 孫尚揚認為利瑪竇在批判儒釋道三教（《一八四〇年前的中國基督教》，第184～185頁）。其實，我本人認為並非如此。利瑪竇不會這樣敵視儒家。這裡的

Chi crede nella Religione delle Tre in Una si troverà senza una vera religione da seguire; sarà privato di qualsiasi religione, e sarà costretto a cercare altrove la retta strada. Chi pone la sua fede nella Religione delle Tre in Una si illude di oltrepassare i limiti di ciascuna religione, mentre in realtà non crede in nessuna.

517.

Rather than know the right way of the Supreme Ruler, would you perhaps like to be a follower of someone who speaks of the Way they have dreamt up ?

不學上帝[208]正道，而殉人夢中說道乎？

Piuttosto che conoscere la retta via del Sovrano Supremo, Lei forse vorrebbe essere seguace di qualcuno che parla della Via nel sogno ?

518.

There is only one Truth, and the Way conforms to the Truth; so it has Life in abundance. If you do not attain the one Truth, your roots will not go deep; if your roots are not deep, your path will be unstable; if your path is unstable, your faith will lack sincerity. Not to attain the one Truth, not to have deep roots, not to possess a sincere faith: how could one's knowledge be perfect ?

夫真維一耳，道契於其真，故能榮生。不得其一，則根透不深；根不深，則道不定；道不定，則信不篤。不一、不深、不篤，其學烏能成乎？

La Verità è unica, e la Via si conforma alla Verità; perciò ha la Vita in abbondanza. Se non si raggiunge l'unica Verità, le proprie radici non andranno in profondità; se le radici non sono profonde, il cammino sarà instabile; se il cammino è instabile, la propria fede mancherà di sincerità. Non raggiungere l'unica Verità, non avere radici profonde, non possedere una fede sincera: come potrebbe così la propria conoscenza essere perfetta ?

「三教」要理解為林兆恩的「三一教」。從 510 至 518，利瑪竇批評這種新的混合宗教。

208 上帝，FJ 本作「真主」。

519.

The Chinese Scholar says: Alas! Thieves get up in the middle of the night to damage people; and we have not yet awakened to save ourselves. Listening to your words, they are to me like a thunderbolt which wakes me from sleep. Notwithstanding, I still hope that you will help me by means of the right Way.

中士曰：噫嘻！寇者殘人，深夜而起；吾儕自救，猶弗醒也。[209]聞先生之語，若霹靂焉，動吾眠，而使之覺。雖然，猶望卒以正道之宗援我。

Il Letterato Cinese dice: Ahimè! I ladri si alzano nel cuore della notte per nuocere alle persone; e noi non ci siamo ancora destati per salvarci. Ascoltando le Sue parole, esse sono per me come un colpo di fulmine che mi risveglia dal sonno. Malgrado tutto spero ancora che Lei mi aiuti, per mezzo della retta Via.

520.

The Western Scholar replies: Since your heart has awakened and your eyes are open, the time has come to look up to Heaven and to pray, so as to receive help.

西士曰：心既醒矣，眼既啟矣，仰天而祈上祐，其時也夫。

Il Letterato Occidentale replica: Poiché il Suo cuore si è risvegliato e i Suoi occhi si sono aperti, è giunto il momento di guardare al Cielo e di pregare per riceverne l'aiuto.

---

209 這裡實際上化用了《路加福音》十二 39～40 節中的「醒寤的勸言」：「如果家主知道盜賊何時要來，(他必要醒寤，)決不容自己的房屋被挖穿。你們也應當準備，因為在你們不料想的時辰，人子就來了。」唯取意有所不同。

Chapter 8: A summary of Western customs, a treatise on the meaning of celibacy among the clergy, and an explanation of the reason why the Lord of Heaven was born in the West

第八篇　總舉大西俗尚，而論其傳道之士所以不娶之意，並釋天主降生西土來由

Capitolo VIII: Un sommario delle usanze occidentali, un trattato sul significato del celibato dei religiosi, e una spiegazione della ragione per cui il Signore del Cielo è nato in Occidente

521.

The Chinese Scholar says: Since your noble country practises the teaching of the Lord of Heaven, its people should be simple and honest and its customs correct and refined. I would like to hear about your customs.

中士曰：貴邦既習天主之教，其民必醇樸，其風必正雅，願聞所尚。

Il Letterato Cinese dice: Poiché il Suo nobile paese pratica l'insegnamento del Signore del Cielo, la popolazione dovrebbe essere semplice e onesta, e i costumi corretti e raffinati. Vorrei sentir parlare delle vostre usanze.

522.

The Western Scholar replies: The people who believe in our Holy Church express their faith in different manners; therefore, although it could be said that they all believe in the same Way, it cannot be stated that they all have the same customs. Nevertheless, one can generally assert that the Western countries regard the knowledge of the Way as their fundamental task. Thus, the rulers of these nations are also committed to preserving the right transmission of the Way.

西士曰：民之用功乎聖教，每每不等，故雖云一道，亦不能同其所尚。然論厥公者，吾大西諸國，且可謂以學道為本業者也，故雖各國之君，皆務存道正傳。

Il Letterato Occidentale replica: I popoli che credono nella nostra santa Chiesa esprimono la loro fede in modi differenti; perciò, sebbene si possa dire che tutti credono nella stessa Via, non si può sostenere che tutti abbiano le medesime usanze. Ciononostante, in generale si può affermare che i paesi occidentali considerano la conoscenza della Via come loro compito fondamentale. Così anche i sovrani di queste nazioni si impegnano nel preservare la retta trasmissione della Via.

523.

There is also another institution, the most authoritative, called the Pope: his sole purpose is to promulgate teachings on behalf of the Lord of Heaven and to educate the world, so that false doctrines do not spread in these countries. He occupies the seat of the Church, exercising the threefold authority; since he does not marry he has no heirs, and thus a virtuous and capable man is elected to succeed him. All the kings and ministers of other nations obey him. Being free of family ties he can devote himself exclusively to the common good; and having no children he regards one thousand billion people as his sons and daughters, and exerts all his energies to lead them to the Way. What he is unable to do personally he delegates to talented and virtuous men, who teach and govern in many countries.

又立有最尊位，曰教化皇，專以繼天主頒教諭世為己職，異端邪說不得作於列國之間。主教者之位，享三國之地[1]，然不婚配，故無有襲嗣，惟擇賢而立，余國之君臣皆臣子服之。蓋既無私[2]家，則惟公是務；既無子，則惟以兆民為子。是故迪人於道，惟此殫力；躬所不能及，則委才全德盛之人[3]，代誨牧於列國焉。

C'è anche un'altra istituzione, la più autorevole, chiamata Sommo Pontefice: il suo unico scopo è promulgare gli insegnamenti per conto del Signore del Cielo ed istruire il mondo, affinché le false dottrine non possano diffondersi in questi paesi. Egli occupa la sede della Chiesa, esercitando la triplice autorità; dal momento che non si sposa non ha eredi, e dunque un uomo virtuoso e abile viene eletto per succedergli. Tutti i sovrani e i ministri delle altre nazioni gli obbediscono. Poiché è libero da legami familiari può dedicarsi esclusivamente al bene comune; e non avendo figli considera mille miliardi di uomini come suoi figli, spendendo tutte le proprie energie per condurre le persone alla Via. Ciò che non può fare personalmente lo delega a uomini di talento e virtuosi, che insegnano e governano in molte nazioni.

524.

In these countries the people cease all activity for a whole day every seventh day. The hundred works being prohibited, men and women, nobles and commoners all gather in sanctuaries to live liturgical moments of worship and

---

1　「三國之地」指教宗在世上的三種權利：（1）作為天主教會的領袖；（2）作為君主，統治意大利中部；（3）對其他基督教君主的有限的管轄權。

2　無私二字不清，據 FJ 本補。

3　按照利瑪竇在 BC 本中手寫的拉丁文簡介，這指主教（episcopi）。

sacrifice, and to listen to the preaching of the Way and to the explanation of the Sacred Scripture.

列國之人，每七日一罷市，禁止百工，不拘男女尊卑，皆聚於聖殿，謁禮拜祭，以聽談道解經者終日。

In questi paesi la popolazione cessa ogni attività un intero giorno su sette. Vietati i cento lavori, gli uomini e le donne, nobili e plebei, si riuniscono nei santuari per vivere i momenti liturgici di adorazione e di sacrificio, e per ascoltare la predicazione sulla Via e la spiegazione della sacra Scrittura.

525.

Then there are religious orders, to which generous scholars belong. Their members travel far and wide, teaching and encouraging people to do good. Among these orders there is my humble Society, which bears the name of Jesus; it has recently been established, but has already had three or four members whose fame has spread to many countries. Every nation requires members of the Society so that they might educate new generations and guide them on the true Way.

又有豪士數會，其朋友出遊於四方，講學勸善。間有敝會，以耶穌名為號，其作不久，然已三四友者，廣聞信於諸國，皆願求之以誘其子弟於真道也。[4]

Poi ci sono gli ordini religiosi, a cui appartengono letterati generosi. I loro membri viaggiano per ogni dove, insegnando ed esortando le persone ad agire bene. Tra questi ordini c'è la mia umile Compagnia, che porta il nome di Gesù; è stata fondata di recente, ma ha già avuto tre o quattro appartenenti la cui fama si è diffusa in molti paesi. Ogni nazione richiede membri della Compagnia affinché educhino i discepoli e li guidino sulla vera Via.

526.

The Chinese Scholar says: A country which elects the wise as

4　1540 年，耶穌會（*Societatis Iesu*）由教宗確認成立。當利瑪竇寫《天主實義》時，耶穌會只有 60 餘年的歷史。「三四友」應該包括方濟各・沙勿略（Francisco Javier，1506～1552）及嘉尼修（Petrus Canisius，1521～1597）。

administrators, and which sends scholars to educate people, holds virtue in high esteem; these customs are excellent! I also understand that those who enter an order of your noble religion have no private possessions, hold each member's wealth in common, and do everything not by their own decision, but always in obedience to their superiors' commands. The members, when young, are dedicated to the improvement of their own virtues, knowledge and learning; when adults, after having completed their studies, they are able to instruct others. This exchange between cultures and these sincere meetings are hardly put into practice in China, even by those who teach the Way.

中士曰：擇賢以君國，布士以訓民，尚德之國也，美哉風矣！又聞尊教之在會者無私財，而以各友之財共焉；事無自專，每聽長者之命焉。其少也，成己德[5]、博己學[6]耳；壯者，學成而後及於人。以文會，以誠約，吾中夏講道者或難之。[7]

Il Letterato Cinese dice: Un paese che elegge i sapienti come amministratori e manda i letterati ad istruire le persone stima la virtù; questi sono usi eccellenti! Ho anche inteso che chi entra in un ordine della Sua nobile religione non ha possedimenti privati, che la ricchezza dei membri è messa in comune, e che le cose vengono fatte non per propria decisione, ma sempre in obbedienza agli ordini dei superiori. I membri quando sono giovani si dedicano al perfezionamento della propria virtù, e all'apprendimento della conoscenza; quando sono adulti, dopo aver terminato gli studi, sono in grado di istruirne altri. Questo scambio tra culture e questi incontri sinceri sono difficilmente messi in pratica in Cina, anche da parte di coloro che insegnano la Via.

527.

And yet, what is the sense of the precept of chaste celibacy for a lifetime,

---

5 成德，培養成優良的品德。《孟子・盡心上》曰：「君子之所以教者五：……有成德者……此五者，君子之所以教也」。

6 《論語・子張》：「博學而篤志，切問而近思。」

7 通過中士的口，利瑪竇描述了耶穌會相較於當時中國的文會及誠約的優越性。這裡提到「貧窮願」及「服從願」。不過，在中國文化的環境中，「貞潔願」最難被接受。下文利瑪竇要花很大的篇幅來闡釋它的意義。

and the prohibition to marry ? It must be difficult to abstain completely from what is natural to living creatures; generating life is the basis of the nature of the Supreme Ruler, it is what we have inherited from our ancestors for hundreds and thousands of generations. How can we stop it abruptly ?

然有終身絕色、終不婚配之戒，未審何意？夫生類自有之情，宜難盡絕，上帝[8]之性，生生為本，祖考百千，其世傳之及我，可即斷絕乎？

E però, che senso hanno il precetto del celibato casto per tutta la durata della vita, e il divieto di sposarsi ? Dev'essere difficile astenersi completamente da ciò che è naturale per le creature viventi; generare la vita è al fondamento della natura del Sovrano Supremo, è ciò che abbiamo ereditato dai nostri antenati per centinaia e migliaia di generazioni. Come possiamo interromperlo bruscamente ?

528.

The Western Scholar replies: With regard to chastity, it is certainly a difficult behaviour for human beings. Therefore the Lord of Heaven has not ordered that everyone should observe it, but He has left us free to choose; those who wish to observe it can do so. Although it is arduous, chastity can be a confirmation of virtue; its difficulty lies in the extreme austerity of the correct conduct it requires.

西士曰：絕色一事，果人情所難，故天主不布之於誡律，強人盡守，但令人自擇，願者遵之耳。然其事難能，大抵可以驗德，難乎精嚴正行。

Il Letterato Occidentale replica: A proposito della castità, è certamente una condotta difficile per l'essere umano. Perciò il Signore del Cielo non ha ordinato che tutti la osservino, ma ci ha lasciati liberi di scegliere; chi vuole può osservarla. Malgrado sia ardua, la castità può essere di conferma alla virtù; la sua difficoltà risiede nell'estrema austerità del retto comportamento che richiede.

529.

Anyone who has already begun to progress in virtue has firmly chosen his

---

8　上帝，FJ 本作「天主」。

own path, and will not change direction. The noble man does not fear any effort in perfecting his virtue. Once the aspiration of our heart has resolutely been established, nothing in the world can be a difficulty for us. If one should equate what is difficult with what is not right, it would be very difficult to be righteous people.

凡人既引於德，則路定而不易矣。君子修德，不憚劬苦，吾方寸之志已立，則世上無難事焉。使以難為為非義，則甚難為義者也。

Chiunque abbia iniziato a progredire nella virtù ha scelto con fermezza la propria strada, e non muta direzione. L'uomo nobile non teme alcuna fatica nel perfezionare la propria virtù. Una volta che l'aspirazione del nostro cuore è stata fermamente stabilita, nulla al mondo può costituire per noi una difficoltà. Se si equiparasse ciò che è difficile a ciò che non è giusto, sarebbe ben arduo essere uomini retti.

530.

It is the Supreme Ruler who causes life; who causes death ? Both result from the One, and from no one else. Ten thousand generations ago, before heaven and earth came into existence and before the Supreme Ruler had created a single living being, where was His nature, generatrix of life ? The heart of man is miserable and benighted, and cannot understand the lofty, noble heart of God; how can man's heart believe that God's heart is wrong ? Moreover, if man participated, with his own heart, in the heart of the Supreme Ruler, then he would find it right not only to beget offspring, but also not to beget offspring.

生生者上帝[9]，死死者誰乎？二者本一，非由二心。未開天地千萬世以前，上帝[10]無生一生者，生生之性何在乎？人心之卑瞑，莫測尊極之心，矧云咎之哉？且人以上帝[11]之心為心，非但以傳生為義，亦有隙生之理。[12]

9　上帝，FJ 本作「天主」。

10　上帝，FJ 本作「天主」。

11　上帝，FJ 本作「天主」。

12　如同張學智所述，「利瑪竇的這一說法，否定了儒家的天地之大德曰生的原則，把天地看作天主所生的自然界」（《明代哲學史》，第 711 頁）。

È il Sovrano Supremo che determina la vita; chi determina la morte ? Entrambe derivano dall'Uno, e da nessun altro. Diecimila generazioni fa, prima che il cielo e la terra venissero all'esistenza e prima che il Sovrano Supremo creasse un solo essere vivente, dov'era la Sua natura generatrice di vita ? Il cuore dell'uomo è misero e ottenebrato, e non può comprendere il sommo, nobile cuore di Dio; come può credere che sia in errore ? Inoltre, se l'uomo fosse partecipe con il proprio cuore del cuore del Sovrano Supremo, non solo troverebbe giusto il generare figli, ma anche il non generarli.

531.

All people under heaven, as a whole, are like one body, with one heart and one soul. The body, however, is composed not of a single member but of many. If the body were all head or belly, how could it move ? If it were all hands or feet, how could it see or hear or eat?[13] In the light of this, it is inconvenient that all people of a country should be forced to conform to the same conduct.

夫天下人民，總合言之，如一全身焉，其身之心意惟一耳，各肢之所司甚重。令一身悉為首腹，胡以行動？令全身皆為手足，胡以見聞、胡以養生乎？比此而論，不宜責一國之人各同一轍。[14]

Tutte le persone sotto il cielo, nel loro insieme, sono come un unico corpo, con un cuore solo e un'anima sola. Il corpo, però, non risulta composto di un solo membro, ma di molte membra. Se il corpo fosse tutto testa o ventre, come potrebbe muoversi ? Se fosse tutto mani o piedi, come potrebbe vedere o sentire o nutrirsi?[15] Alla luce di ciò, è sconveniente che tutti gli uomini di un paese siano costretti a uniformarsi alla medesima condotta.

532.

You claim that a person, to be complete, should, at the same time, have

---

13 See *I Co* 12:12.17.

14 參見《格林多前書》十二 12～17：「就如身體只是一個，卻有許多肢體；身體所有的肢體雖多，仍是一個身體：基督也是這樣⋯⋯原來身體不只有一個肢體，而是有許多⋯⋯若全身是眼，哪裏有聽覺？若全身是聽覺，哪裏有嗅覺？」

15 Cf. *1Cor* 12,12.17.

children and be a priest, and devote himself to divine worship. In my humble opinion, however, although the desire to marry is not easily eliminable, the service of the Supreme Ruler requires special and chaste men. If someone were to assume both responsibilities, he would certainly neglect divine worship. When a person serves his own sovereign, by exercising temperance he can control himself; more so, should he not moderate his passions to serve the Supreme Ruler？

若云以此生人，又兼司教以主祭祀，始為全備，竊謂婚姻之情固難竟絕，上帝[16]之祀又須專潔[17]，二職渾責一身，其於敬神之禮，必有荒蕪。夫人奉事國君，尚有忍尅本身者；奉事上帝[18]，詎不宜克己慾心哉？

Lei sostiene che una persona, per essere completa, dovrebbe sia avere figli, sia essere sacerdote e dedicarsi al culto divino. Secondo il mio umile parere, però, anche se il desiderio di sposarsi non è facilmente eliminabile, il servizio del Sovrano Supremo richiede uomini speciali e casti. Se qualcuno si assumesse entrambe le responsabilità, trascurerebbe certamente il culto divino. Quando un uomo serve il proprio sovrano, esercitando la temperanza riesce a vincere se stesso; a maggior ragione, non dovrebbe moderarsi nelle passioni per servire il Sovrano Supremo？

533.

In ancient times the population was not large, and yet virtuous people were many; thus, one person could also take charge of both responsibilities. Today's problems are not due to the scarcity of the population, but to the fact that, although there are many people, few are virtuous. To desire a lot of sons and daughters and to ignore the way of instructing them is the same as to increase a herd of animals: how can one say that this is the way for mankind to be increased？

古之民寡而德盛，而一人可以兼二職。今世之患，非在人少，乃人眾

---

16 上帝，FJ 本作「上主」。

17 在舉行重要的儀式之前，君主也要遵守貞潔的規矩，不過只有幾天而已。

18 上帝，FJ 本作「天主」。

而德衰耳。圖多子而不知教之，斯乃秖增禽獸之群，豈所云廣人類者歟？

Nei tempi antichi la popolazione non era numerosa, tuttavia le persone virtuose erano molte; così, un uomo poteva anche farsi carico della duplice responsabilità. I problemi di oggi non sono dovuti alla scarsità della popolazione, ma al fatto che, pur essendoci molte persone, poche sono virtuose. Desiderare molti figli e ignorare come istruirli equivale ad accrescere un branco di animali: come si può dire che debba essere questo l'accrescimento del genere umano ?

534.

Those dedicated to the salvation of the world feel a deep pity for the current situation, and therefore adopt the rules of my humble Society: to live in chastity and celibacy, to renounce begetting offspring, to hasten to be born again in the Way so as to save and rescue fallen and forlorn humanity. Perhaps, is this aim not of the greatest interest for the common good ?

有志乎救世者，深悲當世之事，制為敝會規則，絕色不娶，緩於生子，急於生道，以拯援斯世墮溺者為意，其意不更公乎？

Chi si dedica alla salvezza del mondo prova una grande pietà per la situazione attuale, e per questo motivo adotta le regole della mia umile Compagnia: vivere in castità e nel celibato, rinunciare alla generazione dei figli, affrettarsi di rinascere nella Via al fine di salvare e soccorrere l'umanità caduta e derelitta. Questo scopo non riveste forse il più grande interesse per il bene comune ?

535.

Besides, men and women are equally responsible for the transmission of human life. At present there are some virgins, formerly betrothed to men who died before marriage, who, so as to maintain their own righteousness, do not marry anyone else. Educated people praise them, and emperors give them public commendation.

又傳生之責，男與女均。今有貞女受聘未嫁而夫卒者，守義無二，儒

者嘉之，天子每旌表之。[19]

Inoltre, gli uomini e le donne sono responsabili allo stesso modo della trasmissione della vita umana. Attualmente ci sono alcune vergini, già fidanzate con uomini morti prima del matrimonio, che per mantenere la propria rettitudine non si sposano con nessun altro. Le persone colte le lodano, e gli imperatori rivolgono loro pubblici encomi.

536.

In order to remain faithful to one man they live in chastity, renouncing to transmit life, and staying at home without getting married; and yet they are praised. My three or four brethren, who have wished to serve the Supreme Ruler and who, to travel more easily in all places under heaven and teach the ten thousand peoples, have not had time to concern themselves with marriage, are held in contempt; is it not perhaps excessive ?

彼其棄色而忘傳生者，第因守小信於匹夫，在家不嫁，尚且見襃。吾三四友人，因奉事上帝[20]，欲以便於遊天下、化萬民，而未暇一婚，乃受貶焉，不亦過乎？

Per mantenersi fedeli a un solo uomo esse vivono nella castità, rinunciando alla trasmissione della vita, e rimangono in casa senza mai sposarsi; eppure vengono lodate. I miei tre o quattro confratelli, che hanno voluto servire il Sovrano Supremo e che, per viaggiare più facilmente in tutti i luoghi sotto il cielo e insegnare ai diecimila popoli, non hanno avuto tempo di occuparsi del matrimonio, vengono invece disprezzati; non è forse eccessivo ?

537.

The Chinese Scholar says: How can marriage be harmful to those wishing to spread the Way and to encourage people to lead a good life ?

中士曰：婚娶者，於勸善宣道何傷乎？

---

19 在明朝的社會環境中，寡婦再婚通常會受到一定的社會輿論壓力。也參見聖保祿《格林多人前書》七 8～9：「我對那些尚未結婚的人，特別對寡婦說：如果她們能止於現狀，像我一樣，為她們倒好。但若她們節制不住，就讓她們婚嫁，因為與其慾火中燒，倒不如結婚為妙。」

20 上帝，FJ 本作「大主」。

Il Letterato Cinese dice: Come può il matrimonio essere dannoso per chi voglia diffondere la Via ed esortare le persone a condurre una buona vita ?

538.

The Western Scholar replies: It is not harmful; simply, to remain celibate and not to marry allows greater tranquility in view of one's own cultivation, and makes it easier to be a witness to others. Let me explain the convenience of celibacy in several ways, in order to understand the merits or otherwise of what is done by my humble Society.

西士曰：無相傷也。但單身不娶，愈靖以成己[21]，愈便以及人也。吾為子揭其便處，請詳察之，以明敝會所為，有所據否。

Il Letterato Occidentale replica: Non è dannoso; semplicemente, rimanere celibi e non sposarsi consente una maggiore tranquillità in vista del proprio perfezionamento, e rende più semplice testimoniarlo ad altri. Mi lasci spiegare la convenienza del celibato sotto vari aspetti, in modo da capire la fondatezza o meno di ciò viene fatto dalla mia umile Compagnia.

539.

First. He who is married must have children to set up a family; and having had children, he must take care of them and accumulate wealth to provide for their nurture. Thus, a father's heart is inevitably oppressed by matters of business. Today there are more fathers and sons, there are therefore more people looking for riches; and being such seekers increased in number, the trouble of getting what they desire is likewise increased. If I were to engage fully in secular affairs I could not detach myself from worldly things without sinking, and I would assuredly count myself fortunate if I were able to come out alive; how could I realize my aspiration to lead others to righteousness ? The most important thing in the cultivation of virtue is to despise wealth and material goods; how could I exhort others not to crave for them, if I myself loved them passionately ?

---

21 《中庸》：「誠者，非自成己而已也，所以成物也。」

一曰：娶者，以生子為室家耳。既獲幾子，必須養育，而以財為置養之資，為人之父，不免有貨殖之心。今之父子眾，則求財者眾也；求之者眾，難以各得其願矣。吾以身纏拘於俗情，不能超脫無溺，必將以苟且為幸也，欲立志責人於義，豈能興起乎？夫修德以輕貨財為首務，我方重愛之，何勸爾輕置之哉？

Primo. Chi è sposato deve aver figli per costituire la famiglia; e dopo aver avuto i figli, deve prendersi cura di loro e accumulare ricchezze per provvedere al loro sostentamento. Così, un padre ha inevitabilmente il cuore oppresso dagli affari. Oggi ci sono più padri e figli, ci sono dunque più persone che cercano le ricchezze; ed essendo tali cercatori cresciuti di numero, è cresciuta per tutti la difficoltà di ottenere ciò che desiderano. Se mi impegnassi pienamente negli affari secolari non potrei staccarmi dalle cose mondane senza andare a picco, e di certo mi riterrei fortunato se riuscissi a cavarmela; come potrei realizzare l'aspirazione di condurre il prossimo alla rettitudine ? Ciò che più importa nel perfezionamento della virtù è disprezzare le ricchezze e i beni materiali; come potrei esortare gli altri a non preoccuparsene, se io stesso li amassi appassionatamente ?

540.

Second. The nature of the Way is virtue, which is very deep and mysterious; and the heart of man is inevitably enveloped by darkness. Furthermore, lust constantly blunts human intelligence. If a person becomes a slave to lust it is as if a small light has been hidden inside a lamp-shade of thick skin; would he not find himself plunged in an even greater darkness ? How could he attain the wonder of the Way ? If a person lives in chastity it is as if he has cleansed the eye of his heart of dust, thus increasing the intensity of light; he can therefore understand the subtleties of the Way and Virtue.

二曰：道德之情至幽至奧，人心未免昏昧，色慾之事，又恒鈍人聰明焉。若為色之所役，如以小燈藏之厚皮籠內，不益矇乎？[22]豈能達於道妙

---

22 參見《瑪竇福音》五 15：「人點燈，並不是放在斗底下，而是放在燈臺上，照耀屋中所有的人。」

矣？絕色者如去心目之塵垢，益增光明，可以窮道德之精微也。

Secondo. La natura della Via è la virtù, molto profonda e misteriosa; e il cuore degli uomini è inevitabilmente avvolto dall'oscurità. Inoltre, la concupiscenza ottunde costantemente l'intelligenza umana. Se un uomo diviene suo schiavo è come se una piccola luce venisse nascosta da un paralume di pelle spessa; non si troverebbe egli immerso in un'oscurità ancora maggiore? Come potrebbe dunque raggiungere la meraviglia della Via? Chi vive in castità è come se avesse ripulito dalla polvere l'occhio del suo cuore, aumentando così l'intensità della luce; perciò può comprendere le sottigliezze della Via e della virtù.

541.

Third. People under heaven are disoriented because they either live in the greed of wealth, or in lust. Those who strongly wish to save the world by means of benevolence must regard the release of people from these temptations as the most urgent of their goals. When a professional physician makes use of antidotes to treat people, a cold medicine is prescribed to those suffering from hot disorders, and a hot medicine to those suffering from cold disorders; only in this way can diseases be healed. Because we loathe the harm caused by wealth, we have chosen poverty; and because we fear the wounds caused by lust, we have chosen celibacy. Only by behaving in such a way can one really reflect upon dishonest wealth and lust. Thus, the brethren of my humble Society have given honest wealth so as to exhort people not to get dishonest wealth; they have renounced the pleasure of legitimate sexuality to exhort people not to get lost in indecent lust.

三曰：天下大惑，維由財色二欲耳。以仁發憤救世者，必以解此二惑為急。醫家以相悖者相治，故熱病用寒藥，寒病用煖藥，乃能療之。茲吾惡富之害，而自擇為貧者；畏色之傷，而自擇為獨夫者；處己若此，而後無義之財、邪色之欲始有省焉。故敝會友捐己義得之財物，以勸人勿于[23]非義之富；為修道以邻正色之樂，以勸人勿迷於非禮之色也。

---

23 于，BC 本、FJ 本作「干」。

Terzo. Gli uomini sotto il cielo sono disorientati solo perché vivono nella cupidigia delle ricchezze, o nella lussuria. Chi fortemente desidera salvare il mondo con la benevolenza deve considerare la liberazione degli uomini da queste due tentazioni come il più urgente dei suoi obiettivi. Allorché un medico professionista utilizza antidoti per curare le persone, una medicina fredda è prescritta a chi soffre di disturbi caldi, e una medicina calda a chi è affetto da disturbi freddi; soltanto in questa maniera le malattie possono essere guarite. Poiché noi proviamo disgusto per i danni causati dalla ricchezza, abbiamo scelto la povertà; e poiché temiamo le ferite causate dalla concupiscenza, abbiamo scelto il celibato. Solo comportandosi così si può veramente riflettere sulle ricchezze disoneste e sulla concupiscenza. In tal modo i confratelli della mia umile Compagnia hanno donato la ricchezza onesta per esortare le persone a non arricchirsi disonestamente; hanno rinunciato al piacere di una retta sessualità per esortare le persone a non perdersi nella lussuria indecente.

542.

Fourth. A person may possess great talent and extraordinary ability, but if his heart is dissipated and unconcentrated, all of his works lack perfection. Self-conquest is more difficult than the conquest of the world. From ancient times until today, heroes who have conquered what is under heaven have taken a place in history; but how many have been victorious over themselves ? Those who wish to spread the Way to the four seas must not only have self-control, but also take defensive measures to restrain the base passions of the ten thousand peoples; how can one measure the greatness of this work ? Despite being totally concentrated, one can never be sure of being able to attain perfection; how much greater will the difficulty be if one's heart is occupied by other things ? Do you want me to serve an attractive young woman and to beget children ?

　　四曰：縱有俊傑才能，使其心散而不專乎一，則所為事必不精。克己之功難於克天下，自古及今，史傳英雄攻天下而得之者多矣，能克己者幾人哉？志欲行道於四海之內，非但欲克一己，兼欲防遏萬民私欲，則其功用之大，曷可計乎？專之猶恐未精，況宜分之他務？爾將要我事少艾而育

小兒乎？[24]

Quarto. Anche se un uomo avesse grande talento e straordinaria abilità, ma il suo cuore fosse dissipato e non concentrato, tutte le sue opere sarebbero prive di perfezione. La conquista di sé è più difficile di quella del mondo. Dai tempi antichi fino ad oggi sono entrati nella storia gli eroi che hanno conquistato ciò che è sotto il cielo; ma quanti hanno vinto se stessi ? Chi vuol diffondere la Via per i quattro mari non solo deve avere il dominio di sé, ma deve anche adottare misure difensive per frenare le basse passioni dei diecimila popoli; la grandezza di quest'opera come si può misurare ? Pur essendo totalmente concentrati, non si è sicuri di poter giungere alla perfezione; quanto maggiore sarà la difficoltà se il cuore è occupato anche da altre cose ? Lei vuole che io serva una giovane donna attraente, e abbia figli ?

543.

Fifth. An expert horse breeder who comes across good examples, piebalds or chestnuts capable of running one thousand *li* in a day, will rear them with great care so as to prepare them to be deployed in the forefront. Fearful lest they be engaged in sexual activities, he will remove them from the herd and will deny them any contact with the opposite sex. The Holy Church of the Lord of Heaven also looks for excellent and generous men, who will be able to travel along the Four Directions to make the Way clearer, to defend it against offences, to placate conflicting opinions, to eradicate deviated teachings; all this to preserve the righteousness of the Church itself. Would you intend to weaken their resolute heart by means of the pleasures of sexuality ? And would you not like to support them in their firm resolve to reject the vices arising from the base passions ? Western scholars are more concerned to hand down the Way than they are to

---

24　「克己」（vincere seipsum）是耶穌會的主要觀念。這一觀念不僅來源於福音書，也來源於斯多葛派，比如在文藝復興很有影響力的古羅馬思想家塞內加。關於塞內加，也參見 126 的注釋。關於對貞潔生活的選擇，參見《格林多前書》七 32～33：「我願你們無所掛慮：沒有妻子的，所掛慮的是主的事，想怎樣悅樂主。娶了妻子的，所掛慮的是世俗的事，想怎樣悅樂妻子：這樣他的心就分散了。」

provide themselves with progeny. For example: the farmer who harvests ten thousand *dan*[25] of the Five Cereals does not sow all the grain in his fields; he chooses one portion as a contribution to the sovereign, and sets aside another portion to sow it and reap a harvest the following year. Why should all the ten thousand people in the world be used to produce children, and none be reserved for other purposes？

　　五曰：善養馬者，遇騏驥驊騮，可一日而馳千里，則謹牧以期戰陣之用；懼有劣嬾於色者，別之於群，不使與牝接焉。天主聖教亦將尋豪傑之人，能周徧四方之疆界者，以明道禦侮、息異論、迸邪說，而永存聖教之正也。豈欲懦其心以色樂，而不欲培養其果毅，以克私慾之習乎？故西士之專心續道，甚於專事嗣後者也。譬夫斂收五穀萬石，未有盡播之田中以為穀種者，必將擇其一以貢君，一以藝稼，為明年之稽。曷獨人間萬子，皆罄費之以產子，而無所全留以待他用者耶？

Quinto. Un esperto allevatore di cavalli che si imbatte in buoni esemplari, pezzati o sauri capaci di correre mille *li* in un giorno, li addestrerà con ogni cura in modo da prepararli ad essere schierati in prima linea. Temendo che si dedichino ad attività sessuali, li allontanerà dal branco e li priverà di ogni contatto con il sesso opposto. Anche la santa Chiesa del Signore del Cielo cerca uomini eccellenti e generosi, che siano in grado di viaggiare lungo le quattro direzioni per rendere più chiara la Via, per difenderla dalle offese, per comporre le opinioni discordanti, per sradicare gli insegnamenti sviati; il tutto al fine di preservare la rettitudine della stessa Chiesa. Lei vorrebbe indebolire il loro cuore risoluto con i piaceri della sessualità？ E non vorrebbe sostenerli nella loro ferma decisione di respingere i vizi che derivano dalle basse passioni？ I letterati occidentali sono più preoccupati di tramandare la Via che di provvedersi di una progenie. Ad esempio: il contadino che raccoglie diecimila *dan*[26] dei cinque cereali non li usa tutti per seminarli nei suoi campi; ne sceglie una parte come contributo per il sovrano, e ne accantona un'altra per seminarla e mietere il raccolto l'anno successivo. Perché i diecimila uomini nel mondo dovrebbero

---

25 The 石 dàn is a volume measure that is equivalent to ten 斗 dǒu, i.e. 100 l.

26 Il 石 dàn è una misura di volume che equivale a dieci 斗 dǒu, cioè a 100 l.

tutti essere usati per generare figli, e nessuno dovrebbe essere riservato per altri scopi ?

544.

Sixth. Whatever is common to man and animals should not be valued too highly. To labour so as to find food; to find food so as to satisfy one's hunger; to satisfy one's hunger so as to nourish one's vital energy; to nourish one's vital energy so to withstand attacks; to withstand attacks so as to preserve one's life: all these things belong to the lower nature, and there is little difference between man and animals in this respect. To be prudent so as to carry out righteousness and to meditate profoundly; to meditate so as to perfect oneself; to perfect oneself so as to spread benevolence; to spread benevolence so as to thank the Lord of Heaven for His benefits: all this has great importance in human existence, and allows man to conform himself to the will of the Supreme Ruler.

六曰：凡事有人與鳥獸同者，不可甚重焉。勞身以求食，求食以充饑，充饑以蓄氣，蓄氣以敵害，敵害以全己性命也，咸下情也，人於鳥獸，此無殊也。若謹慎以殉義，殉義以檢心，檢心以修身，修身以廣仁，廣仁以答天主恩也，此乃生人切事，可以稱上帝[27]之大旨。[28]

Sesto. Qualunque cosa sia comune agli uomini e agli animali non dovrebbe essere considerata di valore troppo alto. Faticare per trovare il cibo; trovare il cibo per sfamarsi; sfamarsi per ottenere l'energia vitale; ottenere l'energia vitale per resistere agli attacchi; resistere agli attacchi per preservare la propria vita: tutto ciò appartiene alla natura inferiore, e sotto questo aspetto c'è ben poca differenza tra gli uomini e gli animali. Essere prudenti per attuare la rettitudine e meditare profondamente; meditare per perfezionare se stessi; perfezionare se stessi per diffondere la benevolenza; diffondere la benevolenza per ringraziare il Signore del Cielo dei Suoi benefici: tutto ciò ha grande importanza nell'esistenza umana, e permette all'uomo di conformarsi alla volontà del Sovrano Supremo.

---

27 上帝，FJ 本作「上主」。
28 可以把這六目跟《大學》的八目比較。

545.

Looking at things from this point of view, which is the more important: the love of marriage, or the determination to devote oneself to the Way ? All things under heaven would rather that there be nothing to eat than that there be no Way; all things under heaven would rather that there be no people than that there be no doctrine. Because of the urgent need to spread the Way one can defer marriage, but one cannot defer the spreading of the Way because of the need to get married. To accomplish the holy will of the Lord of Heaven is all well and good even if one should give up one's own life; how much more should one be willing to give up marriage ?

從此觀之，則匹配之情於務道之意，孰重乎？天下寧無食，不寧無道；天下寧無人，不寧無教。故因道之急，可緩婚；因婚之急，不可緩道也。以遵頒天主聖旨，雖棄致己身以當之，可也，況棄婚乎？

Guardando le cose da questo punto di vista, che cos'è più importante: l'affetto del matrimonio o la determinazione di dedicarsi alla Via ? Tutte le cose sotto il cielo preferirebbero che non ci fosse nulla da mangiare, piuttosto che non ci fosse la Via; tutte le cose sotto il cielo preferirebbero che non ci fossero gli uomini, piuttosto che non ci fosse la dottrina. A causa della necessità urgente di diffondere la Via si può rinviare il matrimonio, ma non si può rinviare la diffusione della Via per la necessità di sposarsi. Compiere la santa volontà del Signore del Cielo è cosa buona e giusta anche se si dovesse rinunciare alla propria vita; quanto più si dovrà essere disposti a rinunciare al matrimonio ?

546.

Seventh. My humble Society has no other aim than to spread the right Way to the four directions of the earth. If the Way does not progress in the West, the members of my Society move to the East; and if it does not progress in the East, they move to the North or to the South. Why should they confine themselves to one place unnecessarily ? A benevolent physician does not stay in one place only, but he goes from place to place in order to treat the sick. Only so can one be said to bestow one's benefits widely.

七曰：敝會之趣無他，乃欲傳正道於四方焉耳。苟此道於西不能行，則遷其友於東，於東猶不行，又將徙之於南北，奚徒畫身於一境乎？醫之仁者，不繫身於一處，必周流以濟各處之病，方為博施。

Settimo. La mia umile Compagnia non ha altro obiettivo che diffondere la retta Via per le quattro direzioni della terra. Se la Via non progredisce in Occidente, i membri della mia Compagnia si trasferiscono in Oriente; e se non progredisce in Oriente, si trasferiscono a Settentrione o a Meridione. Perché dovrebbero confinarsi inutilmente in un solo luogo ? Un medico benevolo non si ferma in un posto soltanto, ma si muove di luogo in luogo per curare gli ammalati. Solo così si può dire che elargisce con larghezza i suoi benefici.

547.

A married man is tied to one place and his duties do not go beyond giving orders to his own family, or at most governing the nation. I have never heard that a Chinese missionary has travelled abroad, because husband and wife cannot be separated. If the three or four members of my Society are aware of a place in which the Way is to be practised, they can go there immediately; even if that place is more than tens of thousands of *li* away. With no need to worry about entrusting their wife and children to the care of others, they regard the Lord of Heaven as their father and mother, all people as brothers, all things under heaven as if they were their own family. The aspiration which expands their chest is as vast as the ocean and heaven; how can a common man understand it ?

婚配之身，纏繞一處，其本責不越於齊家，或迄於一國而已耳。故中國之傳道者，未聞其有出遊異國者，夫婦不能相離也。吾會三四友，聞有可以行道之域，雖在幾萬里之外，亦即往焉[29]，無有託家寄妻子之慮，則以天主為父母，以世人為兄弟，以天下為己家焉。其所涵胸中之志，如海天然，豈一匹夫之諒乎？

Un uomo sposato è legato a un solo luogo, e i suoi doveri non vanno al di

---

29 此條在耶穌會會憲中已經注明，參《耶穌會簡史》，宗教文化出版社，2003年，第12～22頁。

là del dare ordini nella propria famiglia, o tutt'al più del governare la nazione. Non ho mai sentito dire che un missionario cinese abbia viaggiato all'estero, dal momento che marito e moglie non si possono separare. Se i tre o quattro membri della mia Compagnia vengono a conoscenza di un luogo in cui praticare la Via, possono recarvisi immediatamente; anche se esso dista più di qualche decina di migliaia di li. Senza avere la preoccupazione di affidare la moglie e i figli alla cura di altri, essi considerano il Signore del Cielo come padre e madre, tutti gli uomini come fratelli, tutte le cose sotto il cielo come se fossero la propria famiglia. L'aspirazione che dilata il loro petto è grande quanto l'oceano ed il cielo; un uomo comune come può comprenderla ?

548.

Eighth. If two things are similar, their natures tend to be more and more alike. Angels do not have sexual desires, and the nature of a chaste person is close to that of the angels because, although his body is here on earth, his nature is close to that of those living in heaven. People who, despite having a material body, imitate immaterial angels cannot be considered as if they were vulgar people and mediocre scholars. Whatever such people, who are pure in heart, ask of the Lord of Heaven in prayer – to help those who are in the hardships of drought, of demonic possession, of fire or flood – they frequently obtain it; if this were not so, how could one say that the Venerated Supreme loves them ?

　　八曰：凡此與彼彌似，則其性彌近。天神了無知色者，絕色者其情邇乎天神矣。夫身在地下，而比居上天者，以有形者而效無形者，此不可謂鄙人庸學也。似此清淨之士，有所祈禱於天主，或天之旱，或妖鬼之怪也，或遇水火災異之求解也，天主大都鑒而聽之，不然上尊何能寵之哉 ?[30]

　　Ottavo. Se due cose sono simili, le loro nature tendono ad assomigliarsi sempre di più. Gli angeli non hanno desideri sessuali, e la natura di una persona casta si avvicina a quella degli angeli perché, sebbene il suo corpo sia qui sulla

---

30 利瑪竇跟士大夫進行了思想對話，不過，我們不能忘記，面對民眾的時候，利瑪竇與其他耶穌會士跟道士及和尚競爭，稱自己的祈禱更有能力幫助人們擺脫災難。

terra, è simile a quella di chi vive in cielo. Gli uomini che pur avendo un corpo materiale imitano gli angeli immateriali non possono essere considerati alla stregua delle persone volgari e dei letterati mediocri. Qualsiasi cosa questi uomini, che sono puri di cuore, chiedano in preghiera al Signore del Cielo – soccorrere chi si trova nei disagi della siccità, della possessione diabolica, degli incendi o delle inondazioni – frequentemente la ottengono; se così non fosse, come si potrebbe dire che il Venerato Supremo li ama ?

549.

However, despite having used these arguments to explain why the members of my humble Society do not marry, I have not expounded them in order to oppose marriage itself. To take wife is a reasonable thing, and does not transgress the commandments of the Lord of Heaven; nor can we say that all those who do not marry resemble angels. If a person abstains from sexual activity and does not marry, but at the same time does not entirely devote himself to virtue by following wisdom, is this not perhaps useless ?

然吾此數條理，特具以解敝會不婚之意，非以非婚姻者也。蓋順理娶也，非犯天主誡也，又非謂不娶者皆邁神人也。設令絕婚屏色，而不惓惓於秉彝之德，豈不徒然乎？[31]

Tuttavia, pur avendo utilizzato questi argomenti per spiegare l'astensione dal matrimonio da parte dei membri della mia umile Compagnia, non li ho esposti per oppormi al matrimonio in sé. Prendere moglie è una cosa ragionevole, e non trasgredisce i comandamenti del Signore del Cielo; né si può dire che tutti coloro che non si sposano assomiglino agli angeli. Se una persona si astiene dall'attività sessuale e non si sposa, ma allo stesso tempo non si dedica totalmente alle virtù seguendo la saggezza, ciò non è forse inutile ?

550.

In China there are those who reject proper sexual behaviour and practise

---

31 對聖保祿而言，不結婚是最好的選擇，不過，已結婚的人也需要克制自己。而且，如果有人拒絕婚姻生活使他們能放蕩，這就是最糟糕。（這句話意義不明確）參見《格林多人前書》七 1～9。

perverse eroticism; there are those who put aside any intercourse with women and have fun with young boys. Noble men in the West do not even speak about the obscenity of these individuals, for fear of contaminating their own mouths; even animals only know of sexual intercourse between males and females, without being perverted in so unnatural a way. If man has no shame, to what levels of sin will he arrive! The members of my humble Society are like the farmer who preserves his seeds and does not sow them in the field; you doubt whether this is right or not, but how much more unfair will it be to throw them away in a ditch?

乃中國有辭正色而就狎斜者，去女色而取頑童者，此輩之穢污，西鄉君子弗言，恐浼其口。雖禽獸之匯，亦惟知陰陽交感，無有反悖天性如此者。人弗報焉，則其犯罪若何？[32]吾敝同會者收全己種，不之藝播於田畝，而子猶疑其可否，況棄之溝壑者哉！

In Cina c'è chi rifiuta un corretto comportamento sessuale e pratica un erotismo perverso; c'è chi mette da parte qualsiasi rapporto con le donne, e si diverte con i fanciulli. Gli uomini nobili in Occidente non parlano nemmeno dell'oscenità di questi individui, per paura di contaminare la propria bocca; anche gli animali conoscono solo rapporti sessuali tra maschi e femmine, senza pervertirsi in un modo così contro natura. Se l'uomo non ha pudore, a che livelli di peccato giungerà! I membri della mia umile Compagnia sono come il contadino che preserva i suoi semi e non li semina nel campo; Lei dubita se ciò sia giusto o meno, ma quanto più iniquo sarà gettarli via in un fosso?

551.

The Chinese Scholar says: Reasonable words can win the heart of man better than a sharpened sword. But in China, in the classical texts, one can find this statement: "There are three ways to lack filial piety, and the worst of them is to have no progeny."[33] What do you say about this?

中士曰；依理之語以服人心，強於利刃也。但中國有傳云「不孝有

---

32 來亞洲的傳教士常驚訝於當地社會對同性戀行為的寬容。

33 See *Mencius*, IV, I, XXVI, 1.

三，無後為大」[34]者，如何？

Il Letterato Cinese dice: Le parole ragionevoli possono conquistare il cuore dell'uomo meglio di una spada affilata. Ma in Cina, nei testi classici, si trova l'affermazione: "Ci sono tre modi di mancare alla pietà filiale, e il peggiore di essi è il non avere figli"[35] Che ne dice di questo ?

552.

The Western Scholar replies: Some commentators assert that times have changed. In ancient times the population was small, and it was right for mankind to proliferate; now that people are numerous, they should temporarily slow down the birth-rate. My opinion, however, is that the words you have quoted do not belong to the Sage, but are expressed by Mencius. It may be that he misunderstood them; or perhaps he used them to justify the marriage of Emperor Shun without mentioning the fact, and others have deliberately employed these misleading words. In the *Book of Rites* there are many passages which are not related to antiquity, transcribed haphazardly in this Classic by people of later times in order to describe the rituals of their own times.

西士曰：有解之者云，彼一時，此一時[36]，古者民未眾，當充擴之，今人已眾，宜姑停焉。予曰此非聖人之傳語，乃孟氏也，或承惧傳，或以釋舜不告而娶之義，而他有託焉。《禮記》一書多非古論議，後人集禮，便雜記之於經典。

Il Letterato Occidentale replica: Alcuni commentatori affermano che i tempi sono cambiati. Anticamente la popolazione era scarsa, ed era giusto che il

---

34 出自《孟子・離婁上》：「孟子曰：『不孝有三，無後為大。舜不告而娶，為無後也，君子以為猶告也。』」從 552 至 558，對於孟子的這番話，利瑪竇要進行批判性的詮釋：（1）孟子的觀念是跟當時的社會處境有關，而且現在的處境有所不同；（2）孟子的這句話缺乏權威性，並不反映最初的古人及孔子的觀念；（3）在儒家思想體系裏，生孩子並不是絕對的，還有更重要的價值觀。

35 Cf. *Mencio*, IV, I, XXVI, 1.

36 出自《孟子・公孫丑下》：「彼一時，此一時也。五百年必有王者興，其間必有名世者。」利瑪竇很聰明引用孟子來反對孟子。不過，利瑪竇已經三次點名了孟子來支持他自己的觀念。如孫尚揚說：「對孟子的揚與抑充分表現出利瑪竇附會古儒的策略性成分之濃厚」；《一八四○年前的中國基督教》，第 190 頁。

genere umano proliferasse; ora che gli uomini sono numerosi, dovrebbero temporaneamente rallentare le nascite. La mia opinione, invece, è che le parole da Lei riportate non appartengano al Saggio, ma siano espresse da Mencio. Può darsi che le abbia fraintese; o forse le ha usate per giustificare il matrimonio dell'imperatore Shun senza citare il fatto, e altri hanno utilizzato deliberatamente tali parole fuorvianti. Nel *Libro dei Riti* ci sono molti passaggi che non si riferiscono all'antichità, trascritti a caso in questo classico da uomini di epoche successive per descrivere i riti dei loro tempi.

553.

In your noble country Confucius is considered a great sage. In the *Great Learning*, in the *Doctrine of the Mean*, and in the *Analects* he deals with filial piety in detail. Why, then, do he, his disciples and his grandson fail to mention any rules regarding this serious offence to filial piety ? Why does only Mencius begin to write about it ? Confucius regarded Bo Yi and Shu Qi as virtuous men of antiquity, and Bi Gan as one of the Three Benevolent Men of the Shang Dynasty.[37] Since he used the words "benevolent" and "virtuous" to praise them, he assuredly believed that their virtue was perfect and lacking nothing; but none of them had offspring. If Mencius thought they were disrespectful of filial piety and Confucius considered them rich in benevolence, is there not perhaps a contradiction here ? Therefore, I would say that the conception according to which not to have progeny means to be unfilial does not absolutely belong to the ancient Chinese.

貴邦以孔子為大聖，《學》、《庸》、《論語》孔子論孝之語極詳，何獨其大不孝之戒，群弟子及其孫不傳，而至孟氏始著乎？孔子以伯夷叔齊為古之賢人，以比干為殷三仁之一，既稱三子，曰仁曰賢，必信其德皆全而

---

37 伯夷 Bó Yí and 叔齊 Shū Qí were two brothers, who lived in the time of transition between the 商 Shāng and 周 Zhōu dynasties; they are mentioned in Chinese literature as examples of virtue. For the same reason history remembers 比干 Bǐgān, son of king 文丁 Wén Dīng and nephew of 紂 Zhòu, the last ruler of the 商 Shāng dynasty; the latter had him killed because annoyed by 比干 Bǐgān's admonitions to correct his dissolute life. See *Analects*, V, 22; XVIII, I, 1-2; *Mencius*, II, I, II, 21-22.

無缺矣。[38]然三人咸無後也,則孟氏以為不孝,孔子以為仁,且不相戾乎?是故吾謂以無後為不孝,斷非中國先進[39]之旨。

Nel Suo nobile paese si considera Confucio come un grande saggio. Nel *Grande Studio*, nella *Dottrina del Mezzo* e nei *Dialoghi* egli tratta in dettaglio la pietà filiale. Perché allora lui, i suoi discepoli e i suoi nipoti non citano alcuna norma riguardante questa grave offesa alla pietà filiale, ma solo Mencio inizia a scriverne ? Confucio considerava Bo Yi e Shu Qi come uomini virtuosi dell'antichità, e Bi Gan come uno dei tre uomini benevoli della dinastia Shang.[40] Dal momento che ha usato le parole "benevolo" e "virtuoso" per lodarli, certamente riteneva che la loro virtù fosse perfetta e non mancasse di nulla; ma nessuno di costoro ebbe figli. Se Mencio pensava che fossero poco rispettosi della pietà filiale e Confucio li stimava ricchi di benevolenza, non vi è forse contraddizione ? Perciò direi che la concezione secondo cui non avere progenie significa mancare di pietà filiale non appartenga assolutamente ai cinesi antichi.

554.

If not to have progeny really meant lack of filial piety, then every son would engage himself from morning to night, every day without interruption, in the activity of begetting children in order to secure an offspring; would this not lead people into slavery of sex ? Not even Emperor Shun could be considered

---

38 見《論語・述而第七》:「冉有曰:『夫子為衛君乎?』子貢曰:『諾,吾將問之。』入,曰:『伯夷叔齊何人也?』曰:『古之賢人也。』曰:『怨乎?』曰:『求仁而得仁,又何怨?』出,曰:『夫子不為也。』」亦參見前文 254 及 343。「三仁」指殷的微子、箕子、比干。參《論語・微子》:「微子去之,箕子為之奴,比干諫而死。孔子曰:『殷有三仁焉。』」

39 《論語・先進》:「子曰:『先進於禮樂,野人也;後進於禮樂,君子也。如用之,則吾從先進。』」

40 伯夷 Bó Yí e suo fratello 叔齊 Shū Qí erano due fratelli che vissero al tempo della transizione tra le dinastie 商 Shāng e 周 Zhōu; sono ricordati nella letteratura cinese come esempi di virtù. Per lo stesso motivo è passato alla storia 比干 Bǐgān, figlio del re 文丁 Wén Dīng e nipote di 紂 Zhòu, ultimo sovrano della dinastia 商 Shāng, che lo fece uccidere perché infastidito dai suoi ammonimenti a correggere la propria vita dissoluta. Cf. *Dialoghi*, V, 22; XVIII, I, 1-2; *Mencio*, II, I, II, 21-22.

rich in filial piety: seeing that one can beget children from the age of twenty years, whereas the Emperor Shun waited until he was thirty. Should the period of time from twenty to thirty years of age, elapsed before taking a wife, be regarded as a period in which he was unfilial ? If the ancients did not marry before the age of thirty, then they must have been devoid of filial piety for ten years.

　　使無後果為不孝，則為人子者，宜旦夕專務生子以續其後，不可一日有間，豈不誘人被色累乎？如此則舜猶未為至孝耳。蓋男子二十以上可以生子，舜也三十而娶，則二十逮三十匪孝乎？古人三旬已[41]前不婚，則其一旬之際，皆匪孝乎？

　　Se il non avere progenie significasse veramente mancare di pietà filiale, allora ogni figlio dovrebbe impegnarsi dalla mattina alla sera nell'attività di procreare, al fine di assicurarsi una discendenza tutti i giorni senza interruzione; ciò non condurrebbe gli uomini alla schiavitù del sesso ? Neanche l'imperatore Shun potrebbe essere considerato ricco di pietà filiale: visto che si possono generare figli dall'età di vent'anni, mentre l'imperatore Shun aspettò di averne trenta. Il lasso di tempo dai venti ai trent'anni, passato prima di prendere moglie, dovrebbe essere considerato come un periodo in cui non ebbe pietà filiale ? Se gli antichi non si sposavano prima dei trent'anni, allora per dieci anni avrebbero dovuto esserne privi.

555.

　　For example: a man thinks that he would be unfilial if he had no progeny, and that only by ensuring an offspring to himself will he possess this virtue. He takes more wives in succession and generates a lot of children, until old age; he always lives in his hometown and performs no other good deeds. Can he be considered rich in filial piety ? There is then another man who follows the Way, and spends all his life travelling to foreign nations so as to endorse their rulers and to assist them, teaching and guiding people to be loyal and trustworthy; yet he does not care to beget children. According to the above stated theory, such a

---

41　已，FJ 本作「以」。

person would lack filial piety; nevertheless, he has performed deeds far more meritorious to the nation and to the one thousand billion people, and the public acclaims him as a great and virtuous man.

譬若有匹夫焉，自審無後非孝，有後乃孝，輒娶數妾，老於其鄉，生子至多，初無他善可稱，可為孝乎？學道之士，平生遠遊異鄉，輔君匡國，教化兆民，為忠信而不顧產子，此隨前論乃大不孝也，然於國家兆民有大功焉，則輿論稱為大賢。

Ad esempio: un uomo pensa che sarebbe privo di pietà filiale se mancasse di progenie, e che solo assicurandosi una discendenza potrà avere questa virtù. Prende più mogli in successione e genera molti figli, fino alla vecchiaia; vive sempre nella sua città e non compie nessun'altra buona opera. Può essere considerato ricco di pietà filiale ? C'è poi un altro uomo che segue la Via, e che trascorre tutta la vita viaggiando in nazioni straniere per appoggiarne i sovrani e prestar loro aiuto, per insegnare e per guidare le persone ad essere leali e degne di fiducia; non si preoccupa però di generare figli. Secondo la teoria sopra esposta, tale persona mancherebbe di pietà filiale; ciononostante, ha compiuto azioni assai più meritorie nei confronti della nazione e dei mille miliardi di persone, e l'opinione pubblica lo acclama come grande e virtuoso.

556.

To have or not to have filial piety is an inner fact, not something external. How could it depend on others, and not on me ? To have or not to have children is decided by the Lord of Heaven. There are people who try to have a progeny, and fail to do so; but how could they try to be filial, and fail to be so ? Mencius once said: "If one who asks gets, and another who does not ask loses, asking is of use to getting, and what we ask depends on ourselves. If the asking is in the proper course and the getting depends on fate, asking is of no use to getting, because what we are asking is beyond our reach."[42] So, if one wishes to have children, one is not sure of obtaining them; how much less is one likely to attain the great virtue in this way ?

---

42 *Mencius*, VII, I, III, 1-2.

孝否在內不在外，由我豈由他乎？得子不得子也，天主有定命矣，有求子者而不得，烏有求孝而不得孝者乎？孟氏嘗曰[43]：「求則得之，捨則失之，是求有益於得也，求在我也；求之有道，得之有命，是求無益於得也，求在外也。」[44]以是得嗣，無益於得，況為峻德之效乎？

Avere o meno pietà filiale è un fatto interiore, non esteriore. Come potrebbe dipendere da altri, e non da me ? Avere o non avere figli è deciso dal Signore del Cielo. Ci sono persone che cercano di avere figli e non ci riescono; ma come potrebbero cercare di avere la pietà filiale senza riuscirci ? Mencio disse una volta: "Nel caso in cui chi chiede ottiene e chi non chiede perde, il chiedere serve a ottenere, e ciò che chiediamo dipende da noi stessi. Nel caso in cui occorre chiedere nel modo giusto e l'ottenere dipende dal destino, il chiedere non serve a ottenere, poiché ciò che chiediamo è al di fuori della nostra portata"[45] Così, se si vogliono avere figli non si è certi di ottenerli; quanto meno si può ottenere in questo modo la grande virtù ?

557.

The great Western sages say that the most unfilial sins are: causing one's parents to do wrong, which is the most grievous; murdering one's parents, which follows in the order; robbing one's parents of their wealth, which is the next. The ten thousand nations under heaven regard these three deeds as the most serious against filial piety. Only after arriving in China did I hear that not having offspring is a sin against filial piety, and that a fault of this kind is still more egregious than the three previously named.

大西聖人言不孝之極有三也：陷親於罪惡，其上；弒親之身，其次；脫親財物，又其次也。天下萬國，通以三者為不孝之極。至中國而後，聞無嗣不孝之罪，於三者猶加重焉。

I grandi saggi occidentali dicono che le colpe più offensive della pietà filiale sono: far sì che i genitori compiano il male, ed è la più grave; uccidere

---

43　曰，BC 本作「囘」。

44　見《孟子‧盡心上》。原文稍異：「求則得之，捨則失之，是求有益於得也，求在我者也；求之有道，得之有命，是求無益於得也，求在外者也。」

45　*Mencio*, VII, I, III, 1-2.

fisicamente i genitori, segue nell'ordine; rubare i beni dei genitori, viene subito dopo. Le diecimila nazioni sotto il cielo ritengono che questi tre atti siano gravissimi nei confronti della pietà filiale. Solo dopo essere arrivato in Cina ho sentito dire che non avere progenie è un peccato contro la pietà filiale, e che una colpa del genere è ancor più grave delle tre precedentemente nominate.

558.

Now I would like to define for you the meaning of "filial piety." To this purpose, we must first clarify the relationship between father and son. All people in the universe have three fathers: the first is the Lord of Heaven, the second is the ruler of their country, and the third is the father of their family; whoever disobeys these three fathers is an unfilial son or daughter. When all people follow the Way, the wills of these three fathers are not in conflict: since the father of the lowest rank commands his child to serve the senior fathers, and the child observes all three kinds of filial piety by obeying one father. When not all people follow the way, on the other hand, the commands given by the three fathers are in conflict; the father of the lowest rank does not obey his senior fathers, and selfishly instructs his child to serve only himself and to ignore his other fathers. A child who obeys the command of his most senior father, although opposed to those of his father of the lowest rank, does not violate filial piety. If he were to obey his father of the lowest rank, thereby disobeying his senior fathers, he would certainly be an unfilial child.

吾今為子定孝之說。欲定孝之說，先定父子之說。凡人在宇內有三父：一謂天主，二謂國君，三謂家君也。逆三父之旨者，為不孝子矣。天下有道，三父之旨無相悖，蓋下父者，命己子奉事上父者也，而為子者順乎一，即兼孝三焉。天下無道，三父之令相反，則下父不順其上父，而私子以奉己，弗顧其上；其為之子者，聽其上命，雖犯其下者，不害其為孝也，若從下者，逆其上者，固大為不孝者也。

Ora vorrei definire per Lei, Signore, il significato di "pietà filiale" A tal fine, dobbiamo prima chiarire le relazioni tra padre e figlio. Nell'universo tutte le persone hanno tre padri: il primo è il Signore del Cielo, il secondo è il sovrano del proprio stato, e il terzo è il padre della propria famiglia; chi disobbedisce a questi tre padri è un figlio privo di pietà filiale. Quando tutti gli uomini seguono la Via, la volontà dei tre padri non è in conflitto: dal momento che il padre di grado inferiore ordina al figlio di servire il padre di grado superiore, e il figlio osserva tutti e tre i tipi di pietà filiale obbedendo a un solo padre. Quando non tutti gli uomini seguono la Via, invece, gli ordini dati dai tre padri entrano in conflitto; il padre di grado inferiore non obbedisce al padre di grado superiore, e istruisce egoisticamente il figlio a servire solo lui, e ad ignorare gli altri padri. Un figlio che obbedisca agli ordini del padre di grado superiore, anche se si oppongono a quelli del padre di grado inferiore, non viola la pietà filiale. Se egli obbedisse al padre di grado inferiore, disobbedendo ai padri di grado superiore, sarebbe certamente un figlio privo di pietà filiale.

559.

The head of the nation and I stand in the mutual relationship of sovereign and subject; the head of the family and I are in the mutual relationship of father and son. Although people distinguish between sovereign and subject, father and son, when they are considered in relationship to the Universal Father, the Lord of Heaven, they are equally brothers; one cannot fail to understand this principle.

國主於我相為君臣，家君於我相為父子，若使比乎天主之公父乎，世人雖君臣父子，平為兄弟耳焉，此倫不可不明矣。[46]

Il capo della nazione ed io e siamo nella mutua relazione di sovrano e suddito; il capo della famiglia ed io siamo nella mutua relazione di padre e figlio. Sebbene gli uomini distinguano tra sovrano e suddito, tra padre e figlio, quando li si considera in relazione al Padre universale, il Signore del Cielo, sono tutti ugualmente fratelli; non si può non comprendere questo principio.

560.

The ten thousand nations of the Far West are known for the sages who arise

---

46 在五倫之上，利瑪竇建立了與天主相關的「大倫」。另外，在天主面前人人平等，這樣的觀念儒家很難接受。

from them; there is no generation which does not have its own. When I examine the past hundred generations I find that among the most honoured sages of my humble land there has not been one who has not remained celibate throughout his life. Sages are models for all mankind; how could the Lord of Heaven have raised them to examples if their conduct had been unrighteous ? On the contrary, those who do not marry in order to accumulate assets, or for economic reasons, or because they are lazy and want to have a good time, lead a poor and miserable life; how can it be worthy of being remembered ?

　　夫萬國通大西之境界，皆稱為出聖人之地，蓋無世不有聖人焉。吾察百世以下，敝土聖人之尊者，咸必終身不娶。聖人為世之表，豈天主立之為表，而處己於不義之為哉？彼有不娶而為積財貨，或為糊口，或為偷安懈惰，其卑賤之流，何足論者？

　　Le diecimila nazioni dell'Occidente estremo sono note per i saggi che da esse provengono; non c'è generazione che non abbia i propri. Quando esamino le cento generazioni passate, trovo che tra i saggi più onorati della mia umile terra neanche uno non è rimasto celibe per tutta la vita. I saggi sono gli esempi di tutta l'umanità; come avrebbe potuto il Signore del Cielo elevarli a modelli se la loro condotta non fosse stata retta ? Al contrario, coloro che non si sposano al fine di accumulare beni, o per ragioni economiche, o perché sono pigri e vogliono passarsela bene, conducono una vita scadente e misera; come può essere degna di essere ricordata ?

561.

When it comes to the members of my Society, however, one finds that they are devoted to the Way with all their heart, they serve the Lord of Heaven, they are dedicated to the salvation of humanity, causing people to return to their origin and to forsake sexual passions. If we only had their own opinions on the subject, these would not constitute a valid argument, and what they are doing would be considered wrong. However, many sages have preceded them with their exemplary lives, the scholars of the ten thousand nations praise them, right reason validates them, the Scripture of the Lord of Heaven expresses admiration for them; we can surely let them follow their inspiration, is it not so ?

　　若吾三四友，一心慕道，以事天主，救世歸元，且絕諸色之類。使其
專任鄙見，無理可揭，誠為不可。然而群聖以其身先之，萬國賢士美之，
有實理合之，有天主經典奇[47]之，亦可姑隨其志否耶？

Quando si arriva ai membri della mia Compagnia, invece, si trova che sono
devoti alla Via con tutto il cuore, che servono il Signore del Cielo, che si
dedicano alla salvezza dell'umanità, facendo sì che gli uomini ritornino alla
propria origine e abbandonino le passioni sessuali. Se avessimo solo le loro
opinioni in proposito non costituirebbero un valido argomento, e ciò che essi
fanno sarebbe da considerare sbagliato. Però molti saggi li hanno preceduti con la
loro vita esemplare, i letterati delle diecimila nazioni li lodano, la retta ragione li
convalida, la Scrittura del Signore del Cielo esprime ammirazione nei loro
confronti; possiamo dunque lasciare che seguano la loro ispirazione, non è così ?

562.

People who only care about their progeny because they cannot serve the
Supreme Ruler, do not accept their fate, do not believe in the hereafter, think
that after death man is completely dissolved and nothing remains; indeed, it can
be said that they have no posterity. On the other hand, if I serve the Supreme
Ruler in the present life, and hope I will still be able to serve him eternally after
death, how can I worry about not having a progeny ? After death my spirit will
remain intact, and will be even fresher and healthier. Whether the mortal body I
leave behind is buried by sons or friends, it will rot anyway; what other choice
could I have ?

　　以繼後為急者，惟不知事上帝[48]，不安於本命，不信有後世者，以為
生世之後已盡滅散，無有存者，真可謂之無後。吾今世奉事上帝[49]，而望
萬世以後猶悠久常奉事之，何患無後乎？吾死而神明全在，當益鮮潤；所
遺虛軀殼，子葬之亦腐，朋友葬之亦腐，則何擇乎？

　　Chi si preoccupa molto della sua progenie solo perché non sa servire il

---

47　奇，BC 本作「寄」。

48　上帝，FJ 本作「天主」。

49　上帝，FJ 本作「上主」。

Sovrano Supremo, e non accetta il suo destino, non crede nella vita futura, ritiene che dopo la morte ci si dissolva completamente e che nulla rimanga; veramente si può dire che costui è privo di progenie. Se invece servo il Sovrano Supremo nella vita presente, e spero di poterLo ancora servire eternamente dopo la morte, come posso preoccuparmi di non avere progenie ? Dopo la morte il mio spirito resterà intatto, e sarà ancora più fresco e sano. Il corpo mortale che lascio dietro di me, che venga sepolto dai figli o dagli amici, si decomporrà comunque; quale altra scelta potrei avere ?

563.

The Chinese Scholar says: Not to get married so as to follow the Way is truly to comply with righteousness. When Emperor Da Yu devoted himself to the task of controlling the flood in an age of turmoil, he went on a tour of inspection through the Nine Regions; during eight years he passed before the door of his house three times, without ever entering it[50]. But today we live in peaceful times; what risk is there for scholars in having a family of their own ?

中士曰：為學道而不婚配，誠合義也。我大禹當亂世治洪水，巡行九州，八年於外，三過其門而不入。[51]今也當平世，士有室家，何傷焉？

Il Letterato Cinese dice: Non sposarsi per seguire la Via è veramente conformarsi alla rettitudine. Quando l'imperatore Da Yu si dedicò all'obiettivo di controllare le inondazioni, in un'epoca di disordini, compì un'ispezione delle nove regioni; nel corso di otto anni passò davanti alla porta della sua casa per tre volte, senza mai entrarvi.[52] Ma oggi siamo in epoca di pace; qual è il rischio per i letterati di avere una propria famiglia ?

564.

The Western Scholar replies: Alas! Do you think that we are living in peaceful times ? You are wrong. Wise people believe that the disasters of the present day are greater than natural disasters of the times of Emperor Yao; are

---

50 See *Mencius*, III, I, IV, 7.
51 見《孟子・滕文公上》。
52 Cf. *Mencio*, III, I, IV, 7.

many in this world not perhaps blind, and unable to see the greatest harm ? The misfortunes of ancient times came from outside; people could easily notice them at once and take precautions against that which only damaged their material possessions, or procured external wounds. Today's calamities, on the contrary, suddenly emerge from within man, and even when wise people become aware of them, they find it difficult to avoid them; how much more will it be difficult for common people ? So, there is nothing more serious than the damage caused by such disasters. More frightening than the wind, lightning and monsters, they do not affect people externally, but invade their inner being.

西士曰：嗚呼！子以是為平世乎？誤矣。智者以為今時之災比堯時之災愈洪也，群世人而盲聾，不之能視焉，則其殘不亦深乎？古之所謂不祥，從外而來，人猶易見而速防，其所傷不踰財貨，或傷膚皮；今之禍自內突發，哲者覺之而難避也，況於恒人？故其害莫甚焉。如風雷妖怪之擊人，不損乎外，而侵其內者也。

Il Letterato Occidentale replica: Ahimè! Lei pensa che stiamo vivendo in un tempo di pace ? Si sbaglia. Gli uomini saggi credono che i disastri dei giorni odierni siano più grandi dei disastri naturali dei tempi dell'imperatore Yao; molti uomini di questo mondo non sono forse ciechi, ed incapaci di vedere il danno più grande ? Le disgrazie dei tempi antichi venivano dall'esterno; le persone potevano facilmente accorgersene e prendere subito precauzioni contro ciò che danneggiava solo i loro beni materiali, o procurava ferite esteriori. I disastri attuali, invece, emergono repentini dall'interno dell'uomo, e anche quando i saggi se ne accorgono, trovano difficile evitarli; quanto più sarà difficile per gli uomini comuni ? Così, non c'è nulla di più grave del danno causato da tali sciagure. Più spaventose che il vento, il fulmine e i mostri, esse non colpiscono le persone dal di fuori ma invadono il loro essere interiore.

565.

The creator of heaven, earth, and the ten thousand beings is the great universal Father; for He governs them and makes them exist at all times, He is also the incomparable Sovereign of all. If mankind does not worship Him and serve Him, it will live as if it had neither father nor sovereign; which means to be completely devoid of loyalty, and to have no filial piety. Without loyalty and filial piety, how could there be any virtues ?

夫化生天地萬物，乃大公之父也，又時主宰安養之，乃無上共君也。世人弗仰弗奉，則無父無君，至無忠、至無孝也。忠孝蔑有，尚存何德乎？

Il creatore del cielo, della terra e dei diecimila esseri è il grande Padre universale; poiché Egli li governa e li fa sussistere in ogni momento, è anche l'imparagonabile Sovrano di tutti. Se gli uomini non Lo adorano e non Lo servono, vivono come se non avessero Padre né Sovrano; ciò significa essere completamente privi di lealtà, e non avere affatto pietà filiale. Senza lealtà né pietà filiale, come potrebbe esistere qualche virtù ?

566.

To cast and sculpt in metal, wood and clay false images of no one knows whom, in order to induce the uneducated masses to worship and pray to them, telling people that this is the Buddha or the Three Pure Ones;[53] to use immoral terms and vulgar speeches to obstruct the true Way and to flood the hearts of people, in order to prevent them from returning to the origin; to make voidness and non-beingness the source of all things, is this not to make the Lord of Heaven void and non-existent ? To regard mankind and the Lord of Heaven as being one thing, is it not to place the honour of the Supreme Ruler on an equal footing with the lowliest of slaves ? To allow this nonsense is equivalent to putting the infinite life-giving Spirit of the Lord of Heaven at the same level as earth, stones, and dry wood; the overthrowing of His immense benevolence to the level of what is corrupt and imperfect produces resentment and murmuring towards Him. When there are natural disasters, due to cold or heat, people denigrate so much the Sovereign and Father because, perhaps, the practice of "faithfully serving the Supreme Ruler" has already been buried for a long time.

---

53 The Three Pure Ones (三清 Sānqīng) – that is, the Jade Pure One (玉清 Yùqīng), the Supreme Pure One (上清 Shàngqīng), the Grand Pure One (太清 Tàiqīng) – are the supreme deities in the Daoist pantheon (in a sense, they are the "Daoist trinity").

夫以金木土泥鑄塑，不知何人偽像，而倡愚氓往拜禱之，曰此乃佛祖，此乃三清[54]也。且興淫辭奸說以壅塞之，使之氾濫中心，而不得歸其宗。且以空無為物之原，豈非空無天主者乎？以人類與天主為同一體，非將以上帝[55]之尊，而侔之於卑役者乎？恣其誕妄，以天主無限之威[56]靈，而等之於土石枯木；以其無窮之仁覆，為有玷缺，而寒暑灾異，憾且尤之。侮狎君父，一至於此。蓋昭事上帝[57]之學，久已陵夷。

Fondere e scolpire nel metallo, nel legno e nella terra false immagini non si sa bene di chi, per indurre le masse incolte ad adorarle e a pregarle, dicendo loro che si tratta del Buddha o dei Tre Puri;[58] usare termini immorali e discorsi volgari per ostacolare la vera Via e sommergere i cuori degli uomini, in modo da impedire loro il ritorno all'origine; fare del vuoto e del non-essere la fonte di tutte le cose, non è forse rendere il Signore del Cielo vacuo e inesistente ? Considerare il genere umano e il Signore del Cielo come una sola cosa, non è forse porre l'onore del Sovrano Supremo sullo stesso piano dei più infimi tra gli schiavi ? Permettere queste assurdità equivale a mettere l'infinito Spirito vivificatore del Signore del Cielo al livello della terra, delle pietre, e del legno secco; capovolgere la Sua immensa benevolenza al livello di ciò che è corrotto e imperfetto produce risentimento e mormorazione verso di Lui. Quando ci sono disastri naturali, dovuti al freddo o al caldo, le persone denigrano così tanto il Sovrano e il Padre forse perché la pratica del "servire fedelmente il Sovrano Supremo" è stata sepolta già da lungo tempo.

567.

When minor officials do something good for the community, people immediately build shrines and set up images in their memory; in every place of all provinces and regions there are buildings in honour of those people; on every

---

54 三清：即玉清元始天尊、上清靈寶天尊、太清道德天尊。

55 上帝，底本作「土帝」，BC 本作「上帝」，FJ 本作「上主」，據 BC 本改。

56 威，BC 本、底本作「感」，FJ 本作「威」，據 FJ 本改。

57 昭事上帝，FJ 本作「人生昭事」。

58 I Tre Puri (三清 Sānqīng) – cioè il Puro di Giada (玉清 Yùqīng), il Puro Supremo (上清 Shàngqīng), il Grande Puro (太清 Tàiqīng) – sono le divinità supreme nel pantheon daoista (in un certo senso, la "trinità daoista").

mountain and in every city one comes across Buddhist temples and Daoist monasteries. How do people not wonder that there is not even a small altar such that one may worship, revere and serve the Lord of Heaven, the most honourable God ?

不思小吏聊能阿好其民，已為建祠立像，布滿郡縣，皆是生祠，佛殿神宮，彌山徧市，豈其天主尊神無一微壇，以禮拜敬事之乎？

Quando ufficiali di poca importanza fanno qualcosa di buono per la comunità, la gente subito costruisce templi e fabbrica immagini in loro memoria; in ogni luogo di tutte le province e di tutte le regioni si trovano edifici in onore di quelle persone; su ogni montagna e in ogni città si incontrano templi buddhisti e monasteri daoisti. Come mai non si pensa che non c'è neanche un piccolo altare per adorare, riverire e servire il Signore del Cielo, il Dio più degno di onore ?

568.

Mankind in this world lives practising deception, pretending to be masters to others in order to obtain a vain reputation and so flourish, also simulating to be father and mother to others in order to gain fame and money; thereby obliterating all the traces of the great Father of humanity, of the common Ruler of the universe, and usurping His place. What a risk! What a danger! I think that if Emperor Da Yu were alive today, he would not only travel for eight years but would certainly refuse to have a family, so that he could devote his own life to go and visit the ten thousand nations, not even bearing the thought of returning home. What kind of times do you think we live in now, if you wish that the members of my Society should have their heart concerned with children and the affection for brothers ?

世人也，皆習詐偽，偽為眾師，以揚虛名，供養其口，冒民父母，要譽取資。至於世人大父、宇宙公君，泯其跡而僭其位，殆哉！殆哉！吾意大禹適在今世，非但八年在外，必其絕不有家，終身周巡於萬國，而不忍還矣。爾欲吾三四友，有子之心，有兄弟之情，視此為何如時哉？

Gli uomini di questo mondo vivono nella pratica dell'inganno, fingendo di essere maestri degli altri per ottenere una vana reputazione e così prosperare, simulando anche di essere padre e madre degli altri per acquisire fama e denaro; cancellando in tal modo ogni traccia e usurpando il posto del grande Padre dell'umanità, del comune Sovrano dell'universo. Che rischio! Che pericolo! Penso che se l'imperatore Da Yu fosse vivo oggi, non viaggerebbe per otto anni ma rifiuterebbe sicuramente di avere una famiglia, in modo da poter consacrare tutta la propria vita a percorrere e visitare le diecimila nazioni, non tollerando neanche il pensiero del ritorno a casa. In che genere di tempo Lei crede che noi ora viviamo, se desidera che i membri della mia Compagnia abbiano il cuore preoccupato per i figli e per l'affetto dei fratelli ?

569.

The Chinese Scholar says: If we consider all the things which are out of order, there are certainly a great many of them; it is impossible to list them all. When virtuous persons of today teach, they are only concerned with external matters and do not thoroughly study inner matters. Maybe that is the reason why there has been a deterioration, both within and without man; because he has never realized that evil has accumulated inside, and has gradually manifested outside.

中士曰：以是為亂，則亂固不勝言矣。時賢講學，急其表而不究其裏，故表裏終於俱壞，蓋未聞積惡於內，而不遽發於外者也。

Il Letterato Cinese dice: Se prendiamo in considerazione tutte le cose disordinate, ce ne sono certamente moltissime; è impossibile elencarle tutte. Quando gli uomini virtuosi di oggi insegnano, si preoccupano solo di questioni esteriori e non studiano a fondo quelle interiori. Forse per questo c'è un deterioramento, sia dentro che fuori: perché essi non si sono mai resi conto che il male si è accumulato all'interno, e gradualmente si è manifestato all'esterno.

570.

There are also Confucians who, following a private wisdom, have adopted the theories of Buddhism and Daoism about the life to come; and, like beggars who try to eat leftovers, they have brought confusion into straight teachings.

They are unlike the scholars of your noble country, who always refer to the Origin. Since such teaching is clear, everyone can understand it; one only has to think with a little attention on the state of things to understand that each of them derives from the First Cause, to which nothing can be compared.

間有儒門之人，任其私智，附會二氏，以論來世，如丐子就乞餘飯，彌紊正學，不如貴邦儒者，乃有歸元。此論既明，人人可悟，但肯用心一思眾物之態，必知物有始元，非物可比。

Ci sono anche confuciani che, seguendo una personale saggezza, hanno adottato le teorie del buddhismo e del daoismo riguardanti la vita che verrà; e come mendicanti che cercano di mangiare gli avanzi, hanno portato confusione negli insegnamenti retti. Essi non sono come i letterati del Suo nobile paese, che si rivolgono sempre all'Origine. Poiché tale insegnamento è chiaro, tutti lo possono capire; basta riflettere un po' con attenzione allo stato delle cose per comprendere che ognuna di esse deriva dalla Causa Prima, a cui nulla può essere paragonato.

571.

Sages, Buddhas, Immortals are all born from human beings, and none can be said not to have arisen from the First Cause. He who does not coincide with the First Cause is not the true Lord; otherwise, how could he enact laws for the entire world ? Where the First Cause is known, and the Way of man is determined, what knowledge will people have if they renounce to serve Heaven ? For example: the body has four limbs, each of which wants to save itself on its own behalf; but when a sudden attack is directed to the head with a sword or a spear, hands and feet naturally try to save and protect it, and they are unable to desist even though they expect to suffer a mutilation.

聖也、佛也、仙也，均由人生，不可謂無始元者也。不為始元，則不為真主，何能輒立世誡？夫知有歸元，則人道已定，捨事天又何學焉？譬如一身，四肢各欲自存也，然忽有刀槍將擊其首，手足自往救護，雖見傷殘，終不能已。

I saggi, i Buddha, gli Immortali sono tutti nati da esseri umani, e di nessuno si può dire che non derivi dalla Causa Prima. Ciò che non coincide con la Causa Prima non è il vero Signore; altrimenti, come potrebbe emanare le leggi per il mondo intero ? Laddove la Causa Prima è conosciuta, e la Via dell'uomo è determinata, quale conoscenza si avrà se si rinuncia a servire il Cielo ? Ad esempio: il corpo ha quattro arti, di cui ciascuno vuole salvarsi per suo conto; ma allorché un attacco improvviso viene rivolto alla testa con una spada o una lancia, le mani e i piedi naturalmente tentano di salvarla e proteggerla, e non possono smettere di farlo anche se è prevedibile che subiscano una mutilazione.

572.

As your honoured Church deeply understands that the Lord of Heaven is the origin of all things, whenever it were to detect any evil practice, or to hear a bad speech, contrary to the truth or disobedient to religion, used as a spear or a sword against the Lord Heaven, it would rush in His defence. This is because it knows that the Lord of Heaven is above all things; what is there more esteemed under heaven ? For this reason one not only can renounce to have a wife, children and material possessions, but one can even forget one's own life.

尊教洞曉天主為眾物元，則凡觀惡行、聞惡語，凡有逆於理、違於教者，若矛刃將刺天主然，亟迫往護，此亦惟知有天主之在上，而寧知天下有他物可尚乎？故不但不念妻子財資，吾身生命猶將[59]忘之。

Poiché la Sua onorata Chiesa comprende profondamente che il Signore del Cielo è l'origine di tutte le cose, qualora rilevasse una qualsiasi pratica malvagia, o udisse un cattivo discorso contrario alla verità o disobbediente alla religione usato come una lancia o una spada contro il Signore del Cielo, accorrerebbe in Sua difesa. Ciò avviene perché essa sa che il Signore del Cielo è al di sopra di tutto; che cosa c'è di più stimato sotto il cielo ? Per questo motivo non solo si può rinunciare ad avere moglie, figli e beni materiali, ma ci si dimentica anche della propria vita.

---

59 將，BC 本作「存」。

573.

Our hearts are still chained to their habits; it would seem that we love and wish the Lord of Heaven, but we only believe in Him and follow Him in a very superficial way. How can we talk of leaving our lives, or giving up our wife and children? For the sake of the Supreme Ruler or of virtue we sometimes make a half step, or we give a bit of money; and we do it unwillingly, too. What a tragedy!

吾輩俗心錮結[60]，彷彿慕企，輒淺信從，奚云捨生命、棄妻子？有因上帝[61]道德之故，邐移半步，遙費一芥，且各惜之矣。嗟哉！

I nostri cuori sono ancora incatenati alle loro abitudini; sembrerebbe che noi amiamo e desideriamo il Signore del Cielo, ma crediamo in Lui e Lo seguiamo in modo molto superficiale. Come possiamo parlare di lasciare la nostra vita, o di rinunciare alla moglie e ai figli? Per il Sovrano Supremo o per la virtù talvolta facciamo un mezzo passo, o doniamo un po' di denaro; e lo facciamo anche malvolentieri. Che tragedia!

574.

From you, however, I have received the great teachings which consider the Lord of Heaven omniscient and omnipotent. For He is the merciful Father of mankind, how can He bear to allow us to live so long in the darkness, ignoring the great Father who is our origin, wandering back and forth on our path? Why does He not descend to earth Himself, and personally lead the masses who have got lost, so that the people of the ten thousand nations will be able to see the true Father clearly, and thereby know that there are no other gods? Would this not be the most felicitous thing to do?

然吾頻領大教，稱天主無所不通，無所不能，其既為世人慈父，烏忍我儕久居闇晦，不認本原大父，貿貿此道途？曷不自降世界，親引群迷，俾萬國之子者明覩真父，了無二尚，豈不快哉？

Da Lei però ho ricevuto i grandi insegnamenti che considerano il Signore

---

60 錮結，FJ 本作「銅結」。
61 上帝，FJ 本作「上主」。

del Cielo come onnisciente e onnipotente. Poiché Egli è il Padre misericordioso degli uomini, come può permetterci di vivere così a lungo nell'oscurità, ignorando il grande Padre che è la nostra origine, vagando avanti e indietro per la nostra strada ? Perché non scende Lui stesso sulla terra a condurre personalmente le masse che si sono smarrite, in modo che gli uomini delle diecimila nazioni riescano a vedere chiaramente il vero Padre, e a sapere così che non ci sono altri dèi ? Non sarebbe questa la cosa più felice da fare ?

575.

The Western Scholar replies: I have long hoped that you would ask me this question. If all those who wish to follow the Way in China had asked it, they would already have received the answer. Now, I would like to mention the origin of order and disorder in the world; please listen carefully, and believe with all your heart.

西士曰：望子此問久矣。苟中華學道者常詢此理，必已得之矣。今吾欲著世界治亂之由者，請子服膺焉。

Il Letterato Occidentale replica: Ho sperato a lungo che Lei mi ponesse tale domanda. Se tutti coloro che vogliono seguire la Via in Cina l'avessero posta, avrebbero già ricevuto la risposta. Ora, vorrei parlare dell'origine dell'ordine e del disordine nel mondo; La prego di ascoltare attentamente, e di credere con tutto il cuore.

576.

Do you think that there was so great a disorder and a suffering in the world as there is today when the Lord of Heaven created heaven and earth, and produced man and all things ? Certainly not. The attitude of the Lord of Heaven is immensely good, and His heart is infinitely benevolent: how could He have borne to place man in so unfriendly a situation, when he produced him after creating heaven, earth, and the ten thousand beings ?

天主始制創天地，化生人物，汝想當初乃即如是亂苦者歟？殊不然也。天主之才最靈，其心至仁，亭育人群，以迨天地萬物，豈忍置之於不治、不祥者乎哉？

Lei pensa che ci fossero un disordine e una sofferenza così grandi nel mondo, come ce ne sono oggi, quando il Signore del Cielo creò il cielo e la terra, e generò gli uomini e tutte le cose ? Certamente no. L'attitudine del Signore del Cielo è immensamente buona, e il Suo cuore è infinitamente benevolo: come avrebbe sopportato di porre l'uomo in una situazione così poco propizia, quando lo generò dopo aver creato il cielo, la terra e i diecimila esseri ?

577.

In the beginning, at the creation of the world, man was free from sickness and death. The weather was always springlike and sweet, and he was constantly happy. The Lord of Heaven commanded birds, animals and all things to obey man's orders, and none dared attack him; but He also commanded man to obey and serve the Supreme Lord. The disorder and disasters of nature are all due to the fact that he turned his back to reason, and offended the Lord of Heaven. Since man had disobeyed Him, all things disobeyed man. So he harvested what he had sown, and the ten thousand misfortunes originated.

開闢初生，人無病夭，常是陽和，常甚快樂，令鳥獸萬匯順聽其命，毋[62]敢侵害。惟令人循奉上帝[63]，如是而已。夫亂、夫灾，皆由人以背理犯天主命。人既反背天主，萬物亦反背於人，以此自為自致，萬禍生焉。

In principio, alla creazione del mondo, l'uomo non si ammalava né moriva. Il clima era sempre primaverile e dolce, ed egli era costantemente felice. Il Signore del Cielo ordinò agli uccelli, agli animali e a tutte le cose di ubbidire ai comandi dell'uomo, e nessuno osava aggredirlo; ma ordinò anche all'uomo di obbedire e di servire il Signore Supremo. Il disordine e i disastri della natura sono tutti dovuti al fatto che l'uomo voltò le spalle alla ragione, e offese il Signore del Cielo. Poiché l'uomo Gli aveva disobbedito, tutte le cose disubbidirono all'uomo. Così questi raccolse ciò che lui stesso aveva seminato, e le diecimila disgrazie ebbero origine.

---

62 毋，底本作「母」，BC 本、FJ 本作「毋」，據 BC 本、FJ 本改。
63 上帝，FJ 本做「天主」。

578.

Mankind's progenitors had already corrupted the roots of their own nature, so that all their descendants suffer and no longer enjoy a perfect nature; there appear defects from the moment of birth, and then the evil deeds of other human beings are taken as a model. Even if someone calls into question whether the human nature was originally good, our imperfections are not derived from the Lord of Heaven; and this is hardly to be wondered at. It can be said that man's dispositions are his second nature, and that therefore it is difficult to distinguish what comes from the original nature and what comes from habits; nevertheless the essence of human nature is good, and cannot be destroyed by evil. Anyone who desires, with effort, to convert to good, only needs to make up his mind; furthermore, he will certainly have the support of the Lord of Heaven.

世人之祖已敗人類性根，則為其子孫者沿其遺累，不得承性之全，生而帶疵；又多相率而習醜行，則有疑其性本不善，非關天主所出，亦不足為異也。人所已習，可謂第二性，故其所為，難分由性由習。雖然，性體自善，不能因惡而滅，所以凡有發奮遷善，轉念可成，天主亦必祐之。[64]

I progenitori dell'umanità avevano già corrotto le radici della propria natura, cosicché tutta la loro discendenza ne soffre e non gode più di una natura perfetta; i difetti compaiono sin dal momento della nascita, e poi vengono prese a modello le pessime azioni degli altri esseri umani. Anche se qualcuno mette in dubbio che la natura umana fosse originariamente buona, le nostre imperfezioni non derivano dal Signore del Cielo; e in ciò non c'è motivo di meraviglia. Si può dire che le disposizioni dell'uomo siano la sua seconda natura, e quindi è difficile distinguere ciò che deriva dalla natura originaria e ciò che deriva dalle abitudini; tuttavia l'essenza della natura umana è buona, e non può essere distrutta dal male. Chiunque desideri, con sforzo, di convertirsi al bene, deve solo deciderlo; in aggiunta, avrà certamente il sostegno del Signore del Cielo.

---

64 利瑪竇曾經提到了亞當（394～395）。雖然利瑪竇提出了亞當傳染原罪給後裔
（這是奧古斯丁所提出的觀念），不過，利瑪竇也強調這種複合儒家性善論的
「性體自善」觀念。

579.

Regrettably, man's goodness has now deteriorated, and he has become used to repellent things; so he is basically inclined to evil, and can hardly do good. The Lord of Heaven, as a merciful Father, had compassion of man from ancient times until today; and He has caused many saints to appear in every age, so that they may serve as supreme examples for the others. But the purity of customs has gradually degenerated, wise and virtuous people have disappeared, those following their lower passions are increasing day by day, while those following reason are decreasing day by day.

但民善性既減，又習乎醜，所以易溺於惡，難建於善耳。天主以父慈恤之，自古以來，代使聖神繼起，[65]為之立極。逮夫淳樸漸漓，聖賢化去，從欲者日眾，循理者日稀。[66]

Purtroppo la bontà dell'uomo è ormai degradata, ed egli è abituato a cose repellenti; quindi è tendenzialmente inclinato al male, e fa fatica ad agire bene. Il Signore del Cielo, come Padre misericordioso, ha avuto compassione dell'uomo dai tempi antichi fino ad oggi; e ha suscitato molti santi in ogni epoca, affinché servissero da modello supremo per gli altri. Però la purezza dei costumi è gradualmente degenerata, gli uomini saggi e virtuosi sono scomparsi, coloro che seguono le basse passioni aumentano di giorno in giorno, mentre coloro che seguono la ragione diminuiscono di giorno in giorno.

580.

Then He acted with great mercy and compassion, descended to this world Himself, and experienced everything to save it. One thousand six hundred and three years ago, in the year Gengshen, in the second year after the emperor Ai of the Han Dynasty adopted the imperial name Yuanshou, on the third day after the winter solstice, he chose a virgin girl, who had never known a man, so that she would become His mother;[67] He became incarnate within her womb and came

---

65 這裡的「聖神」指舊約中的聖祖及先知。

66 為了陳述人類的墮落，利瑪竇採用宋明理學的「欲」和「理」之間的對立說。

67 The year 庚申 gēngshēn is the fifty-seventh in the cycle of sixty years of the Chinese calendar. Emperor Āi 哀, of the 漢 Hàn dynasty, assumed the name of 元

to light. His name was Jesus, which means "He who saves the world." He personally taught and preached in the West, and when He was thirty-three years old ascended to heaven. These deeds were actually accomplished by the Lord of Heaven.

於是大發慈悲，親來捄世，普覺群品。[68]於一千六百有三年前[69]，歲次庚申，當漢朝哀帝元壽二年[70]冬至後三日[71]，擇貞女為母，無所交感，托胎降生[72]，名號為耶穌——耶穌即謂捄世也。躬自立訓，弘化於西土三十三年[73]，復昇歸天。[74]此天主實蹟云。

Quindi Egli agì con grande misericordia e compassione, scendendo Lui stesso in questo mondo, e facendo esperienza di ogni cosa per salvarlo. Milleseicentotré anni or sono, nell'anno Gengshen del secondo anno successivo alla scelta da parte dell'imperatore Ai della dinastia Han del nome imperiale

---

壽 Yúanshòu approximately in 2 BC.

68 利瑪竇沒有避諱採用「大發慈悲」這樣的佛教術語。謝和耐認為，利瑪竇沒有意識到他採用的宋明理學及佛教的術語跟基督宗教的觀念有矛盾（參見法文本，1982 年，第 69 頁）。不過，事實上，利瑪竇的說法並不妨礙某些中國人理解到，在天主教體系中，這些概念獲得了新的含義，並不一定相互矛盾。

69 在《天主實義引》中，利瑪竇也提到 1603 年（萬曆三十一年）。當羅明堅寫了《天主實錄》的時候，他寫的是 1584 年（第 58 頁）。

70 漢哀帝統治時間為公元前 7 年至前 1 年。因為利瑪竇以為耶穌誕生在公元 1 年，所以他算錯了，應該是漢哀帝統治第六年。不過，今天的學者認為，耶穌並非生於公元 1 年，而是公元前 6 年至前 4 年，相對於漢哀帝統治第二年至第四年。雖然利瑪竇的算法是錯誤的，不過他提出的結果很巧合地接近事實。

71 這一天是陽曆 12 月 25 日。不過，到四世紀時，教會才把耶穌誕生的日子定下來。

72 利瑪竇表達了「童貞受孕」的奧秘。羅明堅有更詳細地描述，並且提出了聖母瑪麗亞的名字：「熱所雖投胎而生，誠非有男子之交感也。何為不須交感？蓋天主靈通廣大，得以投胎於女子而生，是以不須交感也。古時天主擇一道女，誠然清潔，名曰媽利呀，而賦其一氣，遂成其胎，至有九個月而生熱所。媽利呀仍前清潔，與未識人事者同。熱所生在世間，固有母而無父者也」（第 59 頁）。注意，不要把「童貞受孕」與「無染原罪始胎」混淆。

73 按照天主教傳統，耶穌傳福音的時間為三年，不過，利瑪竇把耶穌的一生作為傳教時期。利瑪竇很可能認為，在中國人面前，三年太短了，特別是跟孔子或釋迦牟尼比較。關於「耶穌」這個名字，羅明堅本來翻譯成「熱所」。

74 這指耶穌昇天。我們可以注意到，利瑪竇沒有描述耶穌在十字架上受難。與《天主實義》不同，《天主實錄》介紹了天主教信仰的整體，提出耶穌「受其苦難，以普世人除罪」（第 60 頁）。

Yuanshou, nel terzo giorno successivo al solstizio d'inverno, Egli scelse una ragazza vergine, che mai aveva conosciuto uomo, perché divenisse Sua madre;[75] si incarnò nel suo ventre, e venne alla luce. Il Suo nome fu Gesù, che significa "Colui che salva il mondo"; di persona insegnò e predicò in Occidente, e quando ebbe trentatré anni riascese al cielo. Queste sono le opere compiute concretamente dal Signore del Cielo.

581.

The Chinese Scholar says: You may assert it, but what reasonable evidence is there of these events ? How could the people of that time verify that Jesus was not only a man, but really the Lord of Heaven ? If He alone had said to be such, this piece of evidence would not be sufficient to be believed.

中士曰：雖然，抑何理以徵之？當時之人，何以驗耶穌實為天主，非特人類也？若自言耳，恐未足憑。

Il Letterato Cinese dice: Lei può sostenerlo, ma quale prova ragionevole esiste di questi eventi ? Come poterono le persone di quel tempo verificare che Gesù non fosse solo un uomo, ma che fosse realmente il Signore del Cielo ? Se Lui solo avesse detto di essere tale, non sarebbe una prova sufficiente per crederci.

582.

The Western Scholar replies: In the West the rules governing the bestowal of the title "saint" are even more strictly applied than in China; how much more will it be so when it comes to the title "Lord of Heaven?" A king who ruled over a territory of one hundred *li*, who was able to impose taxes on the dukes and to gain dominance under heaven, would not be called a saint in the West even though he had never done anything wrong, or had never put an innocent to death to gain dominance under heaven. There have also existed outstanding kings who have given up a thousand chariots to practise the Way, and left the glory to

---

75 L'anno 庚申 gēngshēn è il cinquantasettesimo del ciclo di sessant'anni del calendario cinese; l'imperatore Āi 哀 della dinastia 漢 Hàn assunse il nome di 元壽 Yúanshòu circa nel 2 a.C.

embrace a sober life; but we only call them "honest." A saint is someone who diligently adores the Lord of Heaven, who is humble and self-disciplined; someone whose words and deeds exceed those of other people, because they go beyond human power.

西士曰：大西法稱人以聖，較中國尤嚴焉，況稱天主耶？夫以百里之地君之，能朝諸侯，得天下，雖不行一不義、不殺一不辜以得天下，吾西國未謂之聖。亦有超世之君，卻千乘以修道，屏榮約處，僅稱謂廉耳矣。[76]其所謂聖者，乃其勤崇[77]天主，卑謙自牧，然而其所言所為過人，皆人力所必不能及者也。

Il Letterato Occidentale replica: In Occidente, le regole che determinano l'attribuzione del titolo di "santo" sono applicate ancor più strettamente che in Cina; quanto più questo varrà, quando si tratta del titolo di "Signore del Cielo"? Un re che governasse un territorio di cento *li*, in grado di imporre tributi ai duchi e di ottenere il dominio sotto il cielo, in Occidente non sarebbe chiamato santo neanche se non avesse mai compiuto nulla di ingiusto, né avesse mai messo a morte un innocente per ottenere il dominio sotto il cielo. Sono anche esistiti re straordinari, che hanno rinunciato a mille carri per praticare la Via, e hanno abbandonato la gloria per abbracciare una vita sobria; ma noi li chiamiamo solo "onesti" Un santo è colui il quale adora diligentemente il Signore del Cielo, è umile e ha dominio di sé; è colui le cui parole e azioni superano quelle delle altre persone, poiché vanno al di là dei poteri umani.

583.

The Chinese Scholar says: What do you mean by the words: "exceed those of other people?"

中士曰：何謂過人？

Il Letterato Cinese dice: Che cosa intende con le parole "superano quelle delle altre persone"?

---

76 利瑪竇也許想到了西班牙國王卡洛斯一世（也是神聖羅馬帝國五世國王）。最後兩年，他放棄了政權，去修道院修行。

77 勤崇，FJ 本作「欽崇」。

584.

The Western Scholar replies: You can instruct people about past or present human events, it is not necessary to be a saint to do this; and anyone who wishes to achieve fame, can tirelessly strive to achieve it. But is perhaps human strength sufficient in order to exhort the others to spread the Way, in matters pertaining future events and the Supreme Ruler ? Only the Lord of Heaven can do it. If one chooses the suitable medicine to cure people, once it has been applied the disease heals; physicians can do it. If one applies justice in rewarding and punishing, the world is well administered; scholars can do it. These actions can simply be performed by human effort, and cannot be adduced as evidence of sainthood.

西士曰：誨人以人事，或已往者，或今有者，非但聖而後能之，有志要名者，皆自強而為焉。若以上帝[78]及未來之事訓民傳道，豈人力也歟？惟天主也。以藥治病，服之即療，學醫者能之；以賞罰之公，治世而世治，儒者可致；茲俱以人力得之，不宜以之驗聖也。

Il Letterato Occidentale replica: Si possono istruire gli uomini riguardo agli eventi umani del passato o del presente, per far questo non c'è bisogno di essere santi; e chi desideri raggiungere la fama, può instancabilmente sforzarsi di ottenerla. Ma le forze dell'uomo sono forse sufficienti ad esortare gli altri a diffondere la Via, in ciò che riguarda gli avvenimenti futuri e il Sovrano Supremo ? Solo il Signore del Cielo può farlo. Se si sceglie la medicina adatta a curare le persone, una volta applicata la malattia guarisce; questo i medici possono farlo. Se si applica la giustizia nel premiare e nel punire, il mondo viene ben amministrato; questo i letterati possono farlo. Tali azioni possono essere compiute con le semplici forze umane, e non si possono addurre come prove di santità.

585.

But if a man's outstanding actions and heroic virtue are similar to the very act of creation; if he heals incurable diseases without medicine; if he gives life

---

78 上帝，FJ 本作「天主」。

to the dead and does other deeds like this, which cannot be accomplished by human strength but only by power coming from the Lord of Heaven, then my humble country calls such a man, and those like him, a saint.

若有神功絕德，造化同用，不用藥法，醫不可醫之病，復生既死之民，如此之類人力不及，必自天主而來。敝國所稱聖人者，率皆若此。

Ma se le azioni straordinarie e la virtù eroica di un uomo sono simili all'atto stesso del creare; se egli guarisce malattie incurabili senza medicine; se ridà la vita ai morti e fa altre opere del genere, che non possono compiersi con le forze umane ma solo con il potere che viene dal Signore del Cielo, allora il mio umile paese chiama santo lui, e quelli come lui.

586.

If a person boasts of his holiness, or friends do so on his behalf, or impudently accomplishes extraordinary things with the help of witchcraft and black magic in order to deceive the ignorant and the common people, and boasts, offending the goodness of the Lord of Heaven: this is the ultimate evil, and the Western countries beware of it as they do of floods and fire. How could he be called a saint ?

倘有自伐其聖，或朋輩代為誇伐，或不畏天主，用邪法鬼工為異怪，以惑愚俗，好自逞而悖天主之功德，此為至惡，大西國妨之如水火，何但弗以稱聖乎？

Se una persona si vanta della sua santità, o gli amici lo fanno per suo conto, o privo di timore compie azioni straordinarie con l'aiuto della stregoneria e della magia nera al fine di ingannare gli ignoranti e il volgo, e se ne vanta, offendendo così la bontà del Signore del Cielo: questo è il male supremo, e i paesi dell'Occidente se ne guardano come dalle inondazioni e dagli incendi. In che modo costui potrebbe essere chiamato santo ?

587.

When the Lord of Heaven came down and lived in this world He performed many miracles, and His actions greatly surpassed those of all the saints. The wonderful things done by saints are accomplished through the power of the Lord of Heaven, but the Lord of Heaven does not act through anyone!

　　天主在世之時，現跡愈多，其所為過於聖人又遠，聖人所為奇事，皆假天主之力，天主則何有所假哉？[79]

Quando il Signore del Cielo discese e visse in questo mondo fece molti miracoli, e le Sue azioni superarono grandemente quelle di tutti i santi. Le azioni meravigliose fatte dai santi sono compiute grazie al potere del Signore del Cielo, ma il Signore del Cielo non agisce per mezzo di nessuno!

588.

In very ancient times in the West there were many sages. Several thousands of years ago they predicted in detail, in the classic Scriptures, the incarnation of the Lord of Heaven, and went so far as to indicate the time set for His birth. When the time came, some people tried to be the first to see Him, and finally they met Him.

　　西土上古多有聖人，於幾千載前，預先詳志於經典，載厥天主降生之義，而指其定候，迨及其時，世人爭共望之，而果遇焉。

Molto anticamente in Occidente c'erano numerosi saggi. Alcune migliaia di anni fa essi predissero dettagliatamente, nelle Scritture canoniche, l'incarnazione del Signore del Cielo, e arrivarono a indicare il tempo fissato per la Sua nascita. Quando quel tempo giunse, alcune persone cercarono di essere le prime a vederLo, e infine Lo incontrarono.

589.

Checking His works, one finds that they correspond completely to the prophecies of the ancient sages. He travelled to many places, teaching the people; He commanded the deaf to hear, and at once they heard; He commanded the blind to see, and at once they saw; He commanded the dumb to speak, and at once they spoke; He commanded the lame to walk, and at once they walked; He commanded the dead to return to life, and at once they returned. Heaven and earth, evil and good spirits feared Him and honoured him, and all obeyed His

---

79 與其他聖人不同，耶穌是神，依靠自己的權威顯神跡。

commands. So He fulfilled what had been written by the ancient sages and completed what was contained in the ancient Scriptures, so that these great teachings could be transmitted to the world. When His work of spreading the Way was completed He ascended to Heaven, in the clear light of day, in the time He expressly forecast.

驗其所為，與古聖所記如合符節：其巡遊詔諭於民，聾者命聽即聽，瞽者命視即視，瘖者命言即言，躄者命行即行，死者命生即生，天地鬼神悉畏敬之，莫不聽命也。既符古聖所志，既又增益前經，以傳大教於世。⁸⁰傳道之功已畢，自言期候，白日歸天。

Verificando le Sue opere, esse corrispondono del tutto alle profezie degli antichi saggi. Egli percorse molti luoghi, insegnando alle genti; ordinava ai sordi di udire, e subito udivano; ordinava ai ciechi di vedere, e subito vedevano; ordinava ai muti di parlare, e subito parlavano; ordinava agli zoppi di camminare, e subito camminavano; ordinava ai morti di ritornare in vita, e subito erano risuscitati. Il cielo e la terra, gli spiriti cattivi e gli spiriti buoni Lo temevano e Lo onoravano, e tutti obbedivano ai Suoi comandi. Così Egli adempì ciò che era stato scritto dagli antichi saggi e portò a compimento ciò che era contenuto nell'antica Scrittura, in modo che questi grandi insegnamenti potessero essere trasmessi al mondo. Quando la Sua opera di diffusione della Via venne conclusa Egli ascese al Cielo, alla chiara luce del giorno, nel tempo da Lui espressamente previsto.

590.

Four saints recorded the deeds He had accomplished and the teachings He had imparted whilst on earth. These were transmitted to many countries; ten thousand people in the four directions followed Him, observing His teachings from generation to generation. From that time on, many nations in the West made great progress thanks to such compliance.

時有四聖，錄其在世行實及其教語，而貽之於列國，則四方萬民群從

---

80 這意味著《新約》補充了《舊約》。

之，而世守之。自此大西諸邦教化大行焉。[81]

Quattro santi trascrissero le opere da Lui compiute e gli insegnamenti da Lui impartiti quando era sulla terra. Questi vennero trasmessi in molti paesi; diecimila popoli nelle quattro direzioni Lo seguirono, osservandone gli insegnamenti di generazione in generazione. Da quel tempo in poi molte nazioni in Occidente fecero grandi progressi grazie a tale osservanza.

591.

When we examine Chinese history we find that the Emperor Ming of the Han dynasty heard of these events and sent ambassadors on a mission to the West to search for the Scriptures.[82] Halfway these ambassadors mistakenly thought that India was their goal and returned to China with Buddhist scriptures, which circulated widely throughout the nation. From then until now the people of your noble country have been deceived and cheated; they could not know the right Way, perhaps because of an error. Is this not really a tragedy ?

考之中國之史，當時漢明帝嘗聞其事，遣使西往求經，使者半塗誤值身毒之國，取其佛經傳流中華。[83]迄今貴邦為所誆誘，不得聞其正道，大為學術之禍，豈不慘哉？

Esaminando la storia della Cina, troviamo che l'imperatore Ming della dinastia Han udì di questi eventi e inviò ambasciatori in missione verso l'Occidente per cercare le Scritture.[84] A metà strada questi ambasciatori pensarono erroneamente che il Nepal fosse il loro obiettivo e tornarono in Cina con le scritture buddhiste, che circolarono ampiamente per tutta la nazione. Da allora fino ad oggi la gente del Suo nobile paese è stata ingannata e imbrogliata;

---

81 即新約之四福音書。

82 The emperor 明 Míng (28-75) was the second ruler of the restored 漢 Hàn dynasty (the so called "Eastern 漢 Hàn").

83 漢明帝遣使求法事最早的記載見於《牟子理惑論》，湯用彤對此事已有詳實的考證，見湯用彤著《漢魏兩晉南北朝佛教史》，載《湯用彤全集》第一卷，河北人民出版社，2000 年，第 16 頁。利瑪竇很好地利用這個故事來說明佛教進入中國是一個錯誤，本來漢明帝所求的是基督。

84 L'imperatore 明 Míng (28-75) fu il secondo sovrano della restaurata dinastia (dinastia orientale, o posteriore) degli 漢 Hàn.

non ha potuto conoscere la retta Via, forse a causa di un errore. Non è questa una vera tragedia ?

592.

The Chinese Scholar says: The time was propitious, the identity of that person has been fully understood, the facts are not in doubt. I would humbly go back home and purify myself with water, then return to receive the true Scriptures of the Lord of Heaven; it is my desire to take you as a teacher, and enter the door of your holy Church. As I know that outside of this door I will not find the right path in the world, or the heavenly bliss, or the life to come. Revered teacher: will you allow me to do this ?

中士曰：稽其時則合，稽其人則通，稽其事則又無疑也。某願退舍沐浴，而來領天主真經，拜為師，入聖教之門。蓋已明知此門之外，今世不得正道，後世不得天福也。不知尊師許否？

Il Letterato Cinese dice: Il tempo era propizio, chi fosse quella Persona è stato compreso a fondo, i fatti sono indubitabili. Vorrei tornare a casa umilmente e purificarmi con l'acqua, poi tornerò a ricevere le vere Scritture del Signore del Cielo; è mio desiderio prendere Lei come maestro, ed attraversare la porta della Sua santa Chiesa. Poiché so bene che al di fuori di questa porta non troverò il retto cammino nel mondo, né la beatitudine celeste, né la vita che verrà. Non saprei, onorato Maestro: mi permette o no di far questo ?

593.

The Western Scholar replies: Only for the sake of spreading the Scriptures I and two or three excellent brethren abandoned our families, left our countries, travelled tens of thousands *li* with great efforts and circumspection and never repented of living in a land so different from ours. It is an immense joy to me that you now readily accept these teachings, with a sincere heart. However, a bath can only remove the dirt on one's body, and what the Lord of Heaven loathes are the sins of the heart. The holy Church has holy water, which can enable to cross its door. Everyone who wishes to follow this Way must first deeply repent of his past sins, desire to convert himself to goodness with a sincere heart, and then receive this holy water: which means that the Lord of Heaven has chosen him and loves him, and therefore forgives all his former sins. He will be born again like a newborn child.

　　西士曰：秖因欲廣此經，吾從二三英友，棄家屏鄉，艱勤周幾萬里，而僑寓異土無悔也。誠心悅受，乃吾大幸矣。然沐浴止去身垢，天主所惡乃心咎耳。故聖教有造門之聖水，凡欲從此道，先深悔前時之罪過，誠心欲遷於善，而領是聖水，即天主慕愛之，而盡免舊惡，如孩之初生者焉。[85]

Il Letterato Occidentale replica: Solo al fine di diffondere le Scritture io e due o tre eccellenti confratelli abbiamo abbandonato le nostre famiglie, lasciato i nostri paesi, percorso con grandi fatiche e circospezione decine di migliaia di *li* senza mai pentirci di abitare in una terra così diversa dalla nostra. È una gioia immensa per me che Lei ora accolga docilmente questo insegnamento, con cuore sincero. Ma un bagno può solo rimuovere la sporcizia dal corpo, mentre ciò che il Signore del Cielo odia sono i peccati del cuore. La santa Chiesa possiede un'acqua santa, che mette in condizione di attraversare la sua porta. Chiunque voglia seguire questa strada deve innanzitutto pentirsi profondamente delle colpe passate, desiderare di convertirsi al bene con cuore sincero, e poi ricevere quest'acqua santa: ciò significa che il Signore del Cielo lo ha scelto e lo ama, perciò perdona tutti i suoi antichi peccati. Egli rinascerà come un neonato.

594.

It is not my intention to be a teacher of others. It is only because I feel pity for people's mistakes that I wish to lead them to the way back to Heaven, into the holy Church of the Lord of Heaven. We are all called to be brothers of the same Father; how would I dare to accept the title of "teacher" improperly ? The

---

85 在七個聖事中，利瑪竇只提出了受洗聖事。他描述了受洗的階段：受教、懺悔、告解、領洗。我們需要注意，在中國民間宗教，人們用「聖水」來治病。在民間，許多人認為耶穌會的「聖水」也可以治病。關於受洗聖事，羅明堅有類似的說法：「人慾進天主之教門者，則請教門之僧，代誦經文，以其天主聖水，而與之淨首。既得天主聖水，則前日之罪惡盡棄，方識其天主而昇天庭矣，其餘邪魔、諸神不敢侵近。」（第78～79頁）

languages used by the Scriptures of the Lord of Heaven are different from those of China; although not entirely, the essential parts have already been translated into square characters. But all the doctrines which we spoke about constitute the foundations of the Way. I hope that those who wish to follow the Way will go home, and savour all the facts and reasons treated in the preceding chapters. If you have no further doubts about that which has been said, what would there be to hinder you accepting the Scriptures, receiving the holy water and entering the Church?

吾輩之意，非為人師，惟恤世之錯，回元之路，而為之一引於天主聖教，則充之皆為同父之弟兄，豈敢苟圖稱名辱師之禮乎哉？天主經文字異中國，雖譯未盡，而其要已易正字，但吾前所談論教端，僉此道之肯綮。願學之者，退而玩味於前數篇事理，了已無疑，則承經，領聖水入教，何難之有？

Non è mia intenzione essere maestro degli altri. Solo perché provo compassione per gli errori degli uomini desidero condurli sulla strada del ritorno al Cielo, all'interno della santa Chiesa del Signore del Cielo. Essendo così innalzati, siamo tutti fratelli dello stesso Padre; come oserei accettare il titolo di "maestro" in modo abusivo? Le lingue usate dalle Scritture del Signore del Cielo sono diverse da quella cinese; anche se non interamente, le parti essenziali sono già state tradotte in caratteri quadrati. Ma tutte le dottrine di cui abbiamo parlato costituiscono i fondamenti della Via. Spero che chi intende seguire la Via vada a casa, e assapori tutti i fatti e le ragioni trattati nei capitoli precedenti. Se Lei non ha dubbi ulteriori su ciò che è stato detto, quale impedimento potrebbe esserci perché accolga le Scritture, riceva l'acqua santa ed entri nella Chiesa?

595.

The Chinese Scholar says: I also took life from the Lord of Heaven, but I have long been ignorant of His Way. May Providence be thanked you did not reject the hardships and dangers of the sea, travelled eighty thousand *li*, defied storms and waves to come to this distant land and disseminate these holy teachings, using analogies and similarities, so that I could listen to them, deeply understand how I have been wrong in the past and obtain many benefits. Besides, you have caused us to know the holy will of the great Father, in order that it may be accomplished under the great Ming dynasty.[86]

中士曰：吾身出自天主，而久昧天主之道，幸先生不辭八萬里[87]風波，遠傳聖教，彪炳異同，使愚聆之，豁然深悟昔日之非，獲惠良多。且使吾大明[88]之世，得承大父聖旨而遵守之也。

Il Letterato Cinese dice: Anch'io ho tratto la vita dal Signore del Cielo, ma sono rimasto a lungo ignorante riguardo la Sua Via. Grazie alla provvidenza Lei non ha rifiutato le fatiche e i pericoli del mare, ha viaggiato per ottantamila *li*, ha sfidato le tempeste e le onde per giungere in questa terra lontana e divulgare questi santi insegnamenti, con analogie e similitudini, cosicché io potessi ascoltarli, comprendere in profondità come abbia sbagliato nel passato e ottenere così numerosi benefici. Inoltre, Lei ci ha fatto conoscere la santa volontà del grande Padre, in modo che potesse compiersi sotto la grande dinastia Ming.[89]

596.

As I reflected in silence I felt a great joy, but also a deep sorrow. I must return home, consider everything I was taught, write it down so as not to forget it. I hope to hear all about this doctrine, which is the direct Way to come back to the Origin. May the Lord of Heaven protect you, so that you may benevolently attest and spread His teachings, so that every family in China will hand them down from generation to generation, and so that everyone will praise them, cultivate goodness and cease to do evil. Your merit will be as great as to be incommensurable!

吾靜思之，不勝大快，且不勝深悲焉。吾當退於私居，溫繹所授，紀而錄之，以誌不忘，期以盡聞歸元直道。所願天主佐祐先生仁指，顯揚天

86　The 明 Míng dynasty ruled China from 1368 to 1644, after the collapse of the 元 Yuán dynasty, of Mongolian origin.

87　利瑪竇在 BC 本的手寫拉丁文簡介中把八萬里翻譯成三萬「西方里」（millia）。

88　大明，FJ 本作「現生」。在 FJ 本中明顯可以看出「現生」二字的篡改痕跡。這證明 FJ 本原刻於晚明，在清初被篡改。

89　La dinastia 明 Míng governò la Cina dal 1368 al 1644, dopo il collasso della dinastia 元 Yuán, di origine mongola.

主之教，使我中國家傳人誦，皆為脩善無惡之民，功德廣大，又安有量歟！[90]

Mentre riflettevo in silenzio provavo una gioia immensa, ma anche un'afflizione profonda. Devo tornare a casa, riconsiderare tutto ciò che mi è stato insegnato, scriverlo in modo da non dimenticarlo. Spero di poter ascoltare tutto su questa dottrina, che è la Via diretta per tornare all'Origine. Che il Signore del Cielo La protegga, in modo che Lei possa benevolmente testimoniare e diffondere i Suoi insegnamenti, e far sì che ogni famiglia in Cina li tramandi di generazione in generazione: affinché ogni persona li lodi, pratichi il bene e desista dal compiere il male. Ne avrà un merito così grande da non poter essere misurato!

---

90 中士最終沒有懇求受洗，而是提出再考慮。這是開放性的結局。利瑪竇沒有
　　強迫讀者，而是讓讀者自己作決定。

天主實義序

　　《天主實義》，大西國利子及其鄉會友與吾中國人問答之詞也。天主何？上帝[1]也。「實」云者，不空也。吾國六經四子[2]，聖聖賢賢，曰「畏上帝」[3]，曰「助上帝」[4]，曰「事上帝」[5]，曰「格上帝」，[6]夫誰以為空？

　　空之說，漢明自天竺得之。好事者曰：「孔子嘗稱西方聖人，殆謂佛與。」[7]相與鼓煽其說，若出吾六經上。烏知天竺中國之西，而大西又天竺

1　底本與 BC 本中「上帝」頂格。上帝，FJ 本作「天地人物之上主」。

2　「六經」之名始見於《禮‧經解》，蓋為《易》、《書》、《詩》、《禮》、《樂》、《春秋》，後經秦火，《樂經》散失，僅存《樂記》一篇，乃併入《禮記》中，遂有五經之名。「四子」，即「四子書」，又稱「四書」，即分別出於儒家早期代表人物孔子、孟子、曾參、子思的《論語》、《孟子》、《大學》、《中庸》。

3　語出《尚書‧湯誓》：「夏氏有罪，予畏上帝，不敢不正」。

4　語出《孟子‧梁惠王下》，原文作「《書》曰：『天降下民，作之君，作之師，惟曰其助上帝』」，意出《尚書‧泰誓》，原文作「天祐下民，作之君，作之師，惟其克相上帝」。

5　語出《尚書‧立政》，原文作「以敬事上帝，立民長伯」，又見《詩經‧大明》，原文作「維此文王，小心翼翼。昭事上帝，聿懷多福」，以及《禮記‧中庸》（原文作「郊社之禮，所以事上帝也」）等多處。

6　語出《尚書‧君奭》，原文作「時則有若伊陟、臣扈，格於上帝」（除此而外，尚有「格於皇天」這樣的提法），《疏》中提到，「皇天」之與「上帝」，俱是天也，變其文爾。其功至於天帝，謂致太平而天下和之也；宋明理學就「格物」之「格」尚有諸多不同的結論，蓋有以為「至」，有以為「來也」者。曰畏上帝曰助上帝曰事上帝曰格上帝，FJ 本作「有曰『臨下有赫』，曰『監觀四方』，曰『小心昭事』」。

7　《列子》卷四有載曰：「孔子動容有間曰：『西方之人，有聖者焉，不治而不亂，不言而自信，不化而自行，蕩蕩乎民無能名焉』」（參見《二十二子》本，上海古籍出版社，1986 年版），後世佛徒往往據此以為孔子已知有佛，僧祐所

之西也。佛家西竊閉他臥剌人名勸誘愚俗之言，而衍之為輪廻[8]，中竊老氏芻狗萬物之說[9]，而衍之為寂滅；一切塵芥六合，直欲超脫之，以為高。中國聖遠言湮，鮮有能服其心而障其勢。

且或內樂悠閒虛靜之便，外慕汪洋宏肆之奇，前厭馳騁名利之勞，後懼沉淪六道之苦。古倦極呼天，而今呼佛矣。古祀天地社稷山川祖禰[10]，而今祀佛矣。古學者知天順天[11]，而今念佛作佛矣。古仕者寅亮天工[12]，不敢自暇自逸以瘝天民，而今大隱居朝，逃禪出世矣。

夫佛，天竺之君師也。吾國自有君師，三皇、五帝、三王、周公、孔子，及我太祖[13]以來，皆是也。彼君師侮天[14]，而駕說於其上；吾君師繼天[15]，而立極於其下[16]。彼國從之無責爾，吾捨所學而從彼，何居？程子曰：「儒者本天，釋氏本心。」[17]師心之與法天，有我無我之別也，兩者足以定志也矣。

是書也，歷引吾六經之語，以證其實，而深詆譚空之誤，以西政西，以中化中。見謂人之棄人倫、遺事物，猥言不著不染，要為脫輪廻也。乃

撰《弘明集·後序》與道宣所撰《廣弘明集》卷一即為其例，實際上《列子》一書卻為魏晉時所偽造（參見湯用彤：《漢魏兩晉南北朝佛教史》）。

8 「閉他臥剌」即「畢達哥拉斯」，是著名的古希臘哲學家，他的學說在派別內部以秘傳方式傳播，有許多禁忌，具有較強的宗教性，其靈魂觀承繼了奧爾斯教派的轉世說，認為生物有共同的靈魂，靈魂是不朽的，可由一個身體轉移到另一個身體，重複過去的生活，畢達哥拉斯學派更把哲學思辨作為靈魂淨化的活動，其手段則是音樂和數學。

9 語出《老子》第五章，原文作「天地不仁，以萬物為芻狗；聖人不仁，以百姓為芻狗」。

10 古祀天地社稷山川祖禰，FJ 本作「古修郊社之禮以祀上帝」。

11 知天順天，FJ 本作「敬畏昭事」。

12 寅亮：恭敬信奉，《尚書·周官》作「寅亮天地，弼予一人」，此之謂也。然馮序改稱「寅亮天工」亦一變，蓋「天工」指「天的職能作為」，有時亦作「造物者」講，猶言「天公」（參見《辭源》「天工」條）。

13 三本中「太祖」均頂格。

14 侮天，FJ 本作「侮慢」。

15 繼天，FJ 本作「欽若」。

16 「繼天立極」之說由來已久，《書》、《易》、《詩》中多有「繼天」之意，而《論語》中「為政以德，譬如北辰」一語正是「立極」之說，然明言「繼天立極」者，恰為朱子，參見「《大學章句》序」、「《中庸章句》序」等處。

17 語出《二程遺書》二十一卷，原文作「聖人本天，釋氏本心」，宋明以來幾成共識，《明儒學案·師說》中，在「羅欽順」條下總結為「吾儒本天，釋氏本心，自是古人鐵案」。

輪廻之誕，明甚：其畢智力於身謀，分町畦於膜外，要為獨親其親，獨子其子也。[18]

乃乾父之為公，[19]又明甚：語性則人大異於禽獸[20]，語學則歸於為仁，而始於去欲。時亦或有吾國之素所未聞，而所嘗聞而未用力者，十居九矣。利子周遊八萬里，高測九天，深測九淵，皆不爽毫末。吾所未嘗窮之形象，既已窮之有確據，則其神理，當有所受，不誣也。吾輩即有所存而不論，論而不議[21]，至所嘗聞而未用力者，可無憬然悟，惕然思，孜孜然而圖乎？愚生也晚，足不徧寰域，識不越井天，第目擊空譚之斃，而樂夫人之譚實也。謹題其端，與明達者共繹焉。

　　　　　　　萬曆二十九年孟春穀旦，後學馮應京[22]謹序

---

18 語出《禮記・禮運》：「大道之行也，天下為公，選賢與能，講信修睦。故人不獨親其親，不獨子其子。使老有所終，壯有所用，幼有所長，矜寡孤獨廢疾者，皆有所養。」

19 乾父：據《周易・說卦傳》，「乾為天，為圜，為君，為父」，故稱「乾父」；解《易》者，常以家庭譬喻，以「同人」卦為例，就有解者以父、母、兄弟之間的關係，指出大道強調的是「天下為公」。

20 語出《孟子・離婁下》，原文作「人之所以異於禽獸者幾希，庶民去之，君子存之」。

21 《莊子》：「六合之外，聖人存而不論；六合之內，聖人論而不議。」

22 馮應京，字可大，號慕岡，盱眙人。萬曆二十年壬辰科（1592）進士第二甲及第，為戶部主事，擢湖廣僉事，年五十二卒於家中，天啟初追諡為恭節，著《月令廣義》、《經世實用編》。《明史》有傳，並另參《明儒學案》等（參見《明人傳記資料索引》，1978 年版）。與其同年的尚有第三甲及第者沈㴶、謝肇淛、楊廷筠、袁宏道等（參見朱保炯、謝沛霖編：《明清進士題名碑錄索引》，上海：上海古籍出版社，1980 年版）。

天主實義重刻序

　　昔吾夫子語修身也，先事親而推及乎知天[1]；至孟氏存養事天之論[2]，而義乃綦備。蓋即知即事，事天、事親同一事，而天，其事之大原也。說天莫辯乎《易》。《易》為文字祖，即言「乾元統天」[3]、「為君為父」[4]，又言「帝出乎震」[5]，而紫陽氏解之，以為：「帝者，天之主宰」。[6]然則天主之義，不自利先生創矣。

　　世俗謂天幽遠，不暇論。竺乾氏[7]者出，不事其親，亦已甚矣。而敢於幻天藐帝，以自為尊。儒其服者，習聞夫天命、天理、天道、天德之說，而亦浸淫入之。然則小人之不知不畏也，亦何怪哉？

　　利先生學術，一本事天，譚天之所以為天甚晰。睹世之褻天佞佛也者，而昌言排之。原本師說，演為《天主實義》十篇[8]，用以訓善坊惡。其言曰：人知事其父母，而不知天主之為大父母也；人知國家有正統，而不知惟帝[9]統天之為大正統也。[10]不事親不可為子，不識正統不可為臣，不事

1　語出《中庸》第二十章，原文作「故君子不可以不修身；思修身，不可以不事親；思事親，不可以不知人；思知人，不可以不知天。」
2　語出《孟子·盡心上》，原文作「盡其信者，知其性也；知其性，則知天矣。存其心，養其性，所以事天也」。
3　語出《周易·乾象》，原文作「大哉乾元，萬物資始，乃統天」。
4　語出《周易·說卦傳》，原文作「乾為天，為圜，為君，為父」。
5　語出《周易·說卦傳》，原文作「帝出乎震」。
6　朱熹，字元晦，號紫陽，即此處所謂「紫陽氏」，曾著《周易本義》（參見天津市古籍書店，1988 年影印世界書局，1936 年本《四書五經》），解「帝出乎震」一句曰，「帝者，天之主宰」。
7　竺乾：印度的別稱，也指佛；故此處所謂「竺乾氏」即指佛教。
8　「十」代表完整，事實上有八篇。
9　惟帝，FJ 本作「天主」。
10　參見《天主實義》115。

天主不可為人。

　　而尤勤懇於善惡之辯、祥殃之應。具論萬善未備，不謂純善；纖惡累性，亦謂濟惡。為善若登，登天福堂；作惡若墜，墜地冥獄。大約使人悔過徙義，遏欲全仁，念本始而惕降監[11]，綿顧畏而遄澡雪[12]，以庶幾無獲戾於皇天上帝[13]。

　　彼其梯航琛贄[14]，自古不與中國相通，初不聞有所謂羲文周孔之教，故其為說，亦初不襲吾濂洛關閩[15]之解，而特於知天事天[16]大旨，乃與經傳所紀，如券斯合。

　　獨是天堂地獄，拘者未信；要於福善禍淫[17]，儒者恒言。察乎天地，亦自實理。捨善逐惡，比於厭康莊而陟崇山、浮漲海[18]，亦何以異？苟非赴君父之急，關忠孝之大，或告之以虎狼蛟鱷之患，而弗信也，而必欲投身試之，是不亦冥頑弗靈甚哉！「臨女無貳」[19]，原自心性實學，不必疑及禍福。若以懲愚儆惰，則命討遏揚[20]，合存是義。訓俗立教，固自苦心。

　　嘗讀其書，往往不類近儒，而與上古《素問》[21]、《周髀》[22]、《考

11　降監，語出《尚書・微子》，原文作「降監殷民，用乂仇斂，召敵仇不怠」，大意即為自上下視治理。

12　遄：疾速貌；澡雪：洗滌使之精神，典出《莊子・知北遊》，「澡雪而精神」。

13　上帝，FJ 本作「大主」。語出《尚書・召誥》，原文作「皇天上帝，改厥元子」，《正義》曰，「《釋詁》云：『皇，君也』，天地尊之大，故皇天后土皆以君言之」。

14　梯航：梯與船，指登山與航海；琛贄：珍寶與禮物。

15　濂洛關閩：分別指宋儒詮釋整合儒家傳統的四大家，周敦頤居濂溪，故稱「濂」；程顥、程頤乃洛陽人氏，故稱「洛」；張載講學關中，故稱「關」；朱熹生於福建，並長期居於崇安、建陽講學，故稱「閩」。

16　知天事天，FJ 本作「小心昭事」。

17　語出《尚書・湯誥》，原文作「天道福善禍淫，降災於夏，以彰厥罪」，意為行善的得福，作惡的受禍。

18　漲海：南海的別名，此處「漲」字作陰平聲。

19　《詩經・大雅》：「上帝臨女，無貳爾心。」

20　語出《周易・大有象》，原文作「火在天上，大有。君子以遏惡揚善，順天休命」，按諸家解《易》，均以「遏惡揚善」為天命所討。

21　《漢書・藝文志》載《黃帝內經》十八篇，無《素問》之名。後漢張機《傷寒論》引之，始稱《素問》。晉皇甫謐《甲乙經序》，稱《針經》九卷，《素問》九卷，皆為《內經》，與《漢志》十八篇之數合，則《素問》之名起於漢、晉間矣（參見《四庫全書總目提要》）。

22　即《周髀算經》，與《九章算術》同稱最古之術數類書籍，在明清之際成為「西學中源」爭論的一個焦點（參見《四庫全書總目提要》）。

工》[23]、《漆園》[24]諸編，默相勘印，顧粹然不詭於正[25]。至其檢身事心，嚴翼[26]匪懈，則世所謂皋比[27]而儒者，未之或先。信哉！東海西海，心同理同。[28]所不同者，特語言文字之際。而是編者出，則同文雅化，又已為之前茅，用以鼓吹休明，贊教厲俗，不為偶然，亦豈徒然？固不當與諸子百家，同類而視矣。

余友汪孟樸氏，重刻於杭，而余僭弁數語，非敢炫域外之書，以為聞所未聞，誠謂共戴皇天[29]，而欽崇要義，或亦有習聞而未用力者，於是省焉，而存心養性之學，當不無裨益云爾。

　　　　　萬曆彊圉葉洽之歲[30]，日躔在心[31]，浙西後學李之藻[32]盥手謹序

---

23 即《考工記》，又稱《周禮‧冬官‧考工記》，成書於春秋戰國時代，集先秦物理知識及工藝應用等方面之大成，明人於斯用力甚多（參見《四庫全書總目提要》）。

24 漆園本為地名，莊子嘗為漆園吏，而乾隆年間敕編的《石渠寶笈》卷三，在「明王寵書莊子內七篇四冊」條目下，有「虞永興手書漆園內篇，筆法絕似《度人經》而道媚過之」數語，故此處《漆園》恐指《莊子》。

25 正，FJ 本作「立」。

26 語出《詩經‧六月》，原文作「有嚴有翼」，翼，恭敬貌。

27 皋比：「虎皮」，亦用以指代「虎皮的坐席」，並因此常指學師的座席。

28 語出《象山全集》卷三十三（《四部叢刊》本），原文作「東海有聖人出焉，此心同也，此理同也；西海有聖人出焉，此心同也，此理同也；南海北海有聖人出焉，此心同也，此理同也；千百世之上有聖人出焉，此心同也，此理同也；千百世之下有聖人出焉，此心同也，此理同也」。

29 皇天，FJ 本作「皇皇」。

30 「彊」字通作「強」字，「強圉」乃太歲紀年歲陽名稱，《爾雅‧釋天》用作「強圉」，《史記‧曆書》用作「彊梧」，實指天干中的「丁」；而「葉洽」用作歲陰名稱，《爾雅‧釋天》、《淮南子‧天文訓》與《漢書‧天文志》均作「協洽」，《史記‧天官書》作「葉洽」，實指地支中的「未」，「萬曆彊圉葉洽之歲」，即指「萬曆丁未年」，與下文汪汝淳「重刻《天主實義》跋」合觀，乃指「萬曆三十五年」無疑。

31 古人把周天分為三百六十度，畫為若干區域以辨別日月星辰的方位，用以標識日月星辰度數的即為躔度。而「日躔」，即指太陽運行的度次。按《禮記‧月令》所載，「季秋之月，日在房，昏虛中，旦柳中……孟冬之月，日在尾，昏危中，旦七星中」，而「心」就處於「房」「尾」之間，故此處「日躔在心」當指在九、十月之間。

32 李之藻：字振之，又字我存，號涼庵居士，一號存園叟，仁和人。萬曆廿六年進士，官至太僕寺少卿。與徐光啟、楊廷筠並稱為「教內三大柱石」，有多部著作，多涉及器物實學，並於卒前一年彙編《天學初函》付梓（參見《明人傳記資料索引》，1978 年版）。

重刻天主實義跋

　　自昔聖賢之生，救世為急，蓋體陰騭之微權[1]，隨時而登之覺路[2]，繼天立極，有自來矣。

　　三代以還，吾儒主鬯。自象教[3]東流，彼說遂熾。夫世衰道微，押闔變詐之機，相為盂賊，毋亦惟是，徇生執有[4]之見致然。竺乾居士，予以正覺，超乘而上，庶幾不墮於迷塗。蓋化實而歸於虛，欲人人越諸塵累，不謂於世道無補也。

　　夫始而入，既而濡，乃今虛幻之談，浸為真諦。學人不索之昭明，而求之象罔[5]，喝棒則揚眉[6]，持呪則瞬目，豈不謂三昧正受乎哉[7]，何夢夢

1　《尚書・洪範》中原有「惟天陰騭下民」一語，所謂「陰騭」即有默定之意，而此處「微權」之「微」，非「細小、卑微」之意，蓋「幽深、微妙」之謂。

2　隨時：順應時勢，語出《易・隨》，原文作「大亨貞无咎，而天下隨時，隨時之義大矣哉」；覺路：本為佛教用語，指成佛正覺之路，這裡指合乎正道之路。

3　釋迦牟尼當離世之時，諸弟子刻木為佛，以形象教人，故佛教又有「象教」之稱。

4　狥：通「徇」，即遵從，而所謂「狥生執有」，即指過分看重現世和自身。參見《明儒學案》卷三十一，「止修學案」，原文作「才說知本便將本涉虛；才說知止便爾止歸空寂；才說修身為本，卻又不免守局拘方，狥生執有，此學所以悟之難也」。

5　典出《莊子・天地》，原文作「黃帝遊乎赤水之北，登乎崑崙之丘，而南望還歸，遺其玄珠。……乃使象罔，象罔得之」，按此，「象罔」本為虛擬人物，意為似有象而實無，蓋無心之謂。

6　唱棒：據《廣燈錄》，當作「喝棒」，即「棒喝」，為禪宗祖師接化弟子的方式，或棒打，或大喝，以暗示或啟悟對方並杜其虛妄，考其悟境；揚眉：此處用作形容憤怒的面貌，蓋禪宗棒喝常常怒目相向。

也？利先生憫焉，乃著為《天主實義》。

夫上帝降衷，厥性有恒，[8]時行物生，天道莫非至教。[9]捨倫常物則之外，又安所庸其繕脩！此吾儒大中至正之理，不券而符者也。蓋道隆則從而隆，道污則從而污，持今日救世之微權，非挽虛而歸之實不可。

夫逃空虛者，得聞足音，跫然而喜，[10]不亦去人愈久，悅人滋深乎？今聖道久湮，得聞利先生之言，不啻昆弟親戚之謦欬其側也。淳不佞，深有當焉，特為梓而傳之。

　　　　　　萬曆三十五年，歲次丁未，仲秋日，新都後學諸生汪汝淳書

7　三昧：梵語作 samadhi，音譯為三摩地、三摩提，意譯為等持、定、正定、定意，調直定、正心行處等，即將心定調於一處的一種安定狀態。一般俗語常用以形容妙處、極致、蘊奧。正受：梵語作 samapatti，音譯作三摩缽底、三摩拔提等，意譯作等至、正定現前，指入定後遠離邪想而領受正所緣之境的狀態，亦有人以為其為三昧、三摩地、禪定之異名。

8　《尚書》：「惟皇上帝，降衷於下民。若有恆性，克綏厥猷惟後。」

9　《論語》：「天何言哉？四時行焉，百物生焉，天何言哉？」

10　語出《莊子・徐無鬼》，原文作「聞人足音跫然喜矣」，蓋「跫然」即腳步聲。

四庫全書總目子部雜家類存目提要

天主實義二卷兩江總督採進本

明利瑪竇撰。是書成於萬曆癸卯,凡八篇。首篇論天主始制天地萬物而主宰安養之;二篇解釋世人錯認天主;三篇論人魂不滅大異禽獸;四篇辨釋鬼神及人魂異論、天下萬物不可謂之一體;五篇排辨輪迴六道、戒殺生之謬,而明齋戒之意在於正志;六篇解釋意不可滅,並論死後必有天堂地獄之賞罰;七篇論人性本善,並述天主門士正學;八篇總舉泰西俗尚,而論其傳道之士所以不娶之意,並釋天主降生西土來由。

大旨主於使人尊信天主,以行其教。知儒教之不可攻,則附會六經中上帝之說,以合於天主,而特攻釋氏以求勝。然天堂地獄之說,與輪迴六道之說相去無幾也,特小變釋氏之說,而本原則一耳。

Table of categories
物宗類圖[1]
TAVOLA DELLE CATEGORIE

1　希臘哲學家波菲利（234～305）用希臘文寫過關於亞里士多德《範疇論》的評論，在其中排列了各種種類。後來波愛修斯（470～525）把波菲利的書翻譯成拉丁文。中世紀的時候，波菲利的種類排列被人們以圖表來展示，稱為「波菲利之樹」。具有普遍性的邏輯範疇有：宗類（species）、分別性（differentia）、特殊性（proprietas）、依附者或依賴者（accidens）。從最大的概念即「物」開始，可以一層層往下分別。從「物」到「人」，一共有六層。不過，利瑪竇共分了九層。他也許看過葡萄牙耶穌會士 Pedro da Fonseca 所寫的 *Isagoge philosophica*（1591 年），因為那本書同樣分為九層。利瑪竇提出的「九元宗」跟九層無關。在我看來，「九元宗」中的「九」可以指：（1）「完滿」；（2）九個範疇（圖中上左）；（3）九個大類（圖左從上往下：九個範疇、星星、不成的東西、植物、人；圖右：鬼神、四行、礦石、動物）。在這個體系裏，人是很小的一部分。在歐洲人創作的「波菲利之樹」中，人經常被單獨列出，不過，利瑪竇的圖表似乎沒有這樣處理：人被隱藏在樹中。

Being: Substance, Accidents
  ┌ Substance: Bodies, Pure forms
  ┌ Bodies: Eternal, Perishable
   ┌ Eternal: Celestial bodies, Their heavens
   └ Perishable: In a pure state, Not in a pure state
    Not in a pure state: Solids, Non-solids
     ┌ Solids: Living, Lifeless
      ┌ Living: Conscious, Unconscious
       ┌ Conscious: Intelligent, Unintelligent
        Unintelligent: Walking, Non-walking
         ┌ Walking: Footless, Footed
          Footed: Wild, Domesticated
           Domesticated: Ruminant, Non-ruminant
         └ Non-walking: Flying, Swimming
          ┌ Flying: Featherless, Feathered
           Feathered: Can move on water,
               Cannot move on water
          └ Swimming: With scales, With shell,
             Shrimp-like
           With shell: Moving, Unmoving
       └ Unconscious: Grass, Trees
        ┌ Grass: Ordinary grass, Flowers, Edible plants
         Edible plants: Roots, Leaves, Seeds
         Seeds: Melons, Grains, Beans
        └ Trees: Shrub-like, Free-standing
         Free-standing: Fruitbearing, Non-fruitbearing
         Non-fruitbearing: Useful (for their bark or
               colour), Fragrant, With
               edible blossoms, Producing
               sap, Especially hard, With
               edible roots, Ornamental
      └ Lifeless: Stones, Fluids, Metals
       Stones: Hard, Soft
       Hard: Precious, Common
     └ Non-solids: Thunder and lightning, Clouds and fog,
       Snow and dew, Sand
  └ Pure forms: Good spirits, Evil spirits
 └ Accidents: Quantity, Relative (Relation), Qualification (Quality),
    Doing (Action), Being affected (Affection), When (Time),
    Where (Place), Being-in-a-position (Posture), Having (State)

物：有自立者，有依賴者
  ┌有自立者：或有形，或無形
  │ ┌或有形：或不朽，或能朽
  │ │ ┌或不朽如天星：宗動天，宿象天，土星天，木星天，火星天，
  │ │ │   日輪天，金星天，水星天，月輪天
  │ │ └或能朽：或純如四行，火氣水土；或雜
  │ │ 或雜：或成，或不成
  │ │ ┌或成：或生，或不生
  │ │ │ ┌或生：或知覺，或不知覺
  │ │ │ │ ┌或知覺：或論理如人類；或不能論理
  │ │ │ │ │ 或不能論理：或走，或不走
  │ │ │ │ │ ┌或走：或無足如蛇類；或有足
  │ │ │ │ │ │ 或有足：或山獸如虎狼；或家畜
  │ │ │ │ │ │ 或家畜：或齧如牛羊；或豢如貓犬
  │ │ │ │ │ └或不走：或飛，或潛
  │ │ │ │ │   ┌或飛：無羽毛如蝴蝶；有羽毛
  │ │ │ │ │   │ 有羽毛：或浮水如龜雁；或不浮水如鴉雀
  │ │ │ │ │   └或潛：或鱗如龍魚；或蝦如紅蝦；或甲
  │ │ │ │ │   或甲：或動如鱉螺；或不動如蠔
  │ │ │ │ └或不知覺：草，木
  │ │ │ │ ┌草：或自生如野草；或有花如蘭茶；或有可食
  │ │ │ │ │ 或有可食：或取頭如芋頭；或取體如芥菜；
  │ │ │ │ │   或取子
  │ │ │ │ │ 或取子：瓜如，西冬南黃甜等瓜；
  │ │ │ │ │   穀如，黍稷麥粱菽；
  │ │ │ │ │   豆如，青綠黃紅黑等豆
  │ │ │ │ └木：或叢生如竹等，或獨生
  │ │ │ │   或獨生：或生果如桃李；或不生果
  │ │ │ │   或不生果：尚皮如桂皮，尚色如蘇木，
  │ │ │ │   尚香如檀香，尚花如桂花，
  │ │ │ │   尚乳如乳香，尚堅如鐵粟，
  │ │ │ │   尚文如花梨，尚根如甘草
  │ │ │ └或不生：流如，油酒蜜蠟；金如，黃為金，白為銀，
  │ │ │   紅為銅，黑為鐵，青為錫；石
  │ │ │   石：或軟如，硃硫礬硝等類；或硬
  │ │ │   或硬：或寶如貓精等；或粗如白黑石
  │ │ └或不成：或屬火如雷電；或屬氣如風霧；
  │ │   或屬水如雪露；或屬土如沙類
  │ └或無形：或善如天神屬；或惡如魔鬼屬
  └有依賴者如：幾何如二三寸丈等，相親如君臣父子等，何如如黑白涼熱等，
        作為如化傷走言等，低受如被化著傷等，何時如晝夜年世等，
        何所如鄉房廳位等，體勢如立坐伏倒等，穿得如袍裙田池等

Essere: Sostanza, Accidenti
   Sostanza: Corpi, Pure forme
    Corpi: Eterni, Deperibili
     Eterni: Corpi celesti, Loro cieli
     Deperibili: In stato puro, In stato non puro
      In stato non puro: Solidi, Non solidi
       Solidi: Viventi, Non viventi
        Viventi: Coscienti, Non coscienti
         Coscienti: Intelligenti, Non intelligenti
          Non intelligenti: Camminano, Non camminano
           Camminano: Senza zampe, Con zampe
            Con zampe: Selvaggi, Addomesticati
             Addomesticati: Ruminanti, Non ruminanti
           Non camminano: Volano, Nuotano
            Volano: Senza piume, Con piume
             Con piume: Si muovono in acqua,
                   Non si muovono in acqua
            Nuotano: Con scaglie, Con conchiglia,
                Simili ai gamberi
             Con conchiglia: Si muovono, Non si

muovono

         Non coscienti: Piante, Alberi
          Piante: Erba, Fiori, Piante commestibili
           Piante commestibili: Radici, Foglie, Semi
            Semi: Come i meloni, Chicchi, Fagioli
          Alberi: Arbusti, Con tronco
           Con tronco: Con frutti, Senza frutti
            Senza frutti: Utili (per la corteccia o il colore),
                Profumati, Con fiori commestibili,
                Produttori di linfa, Particolarmente
                duri, Con radici commestibili,
                Decorativi
        Non viventi: Pietre, Fluidi, Metalli
         Pietre: Dure, Morbide
         Dure: Preziose, Comuni
       Non solidi: Tuono e fulmine, Nuvole e nebbia,
         Neve e rugiada, Sabbia
   Pure forme: Spiriti buoni, Spiriti malvagi
   Accidenti: Quantità, Relazione, Qualità, Agire, Patire, Tempo, Luogo,
     Trovarsi (Postura), Avere (Abito)

跋　語

朱理道（Claudio Giuliodori）

　　由孫旭義和奧覓德（Antonio Olmi）新近翻譯的利瑪竇神父所著的《天主實義》一書，有諸多優勢，對深入地認識瑪切拉塔耶穌會士利瑪竇神父其人其事，具有重大的貢獻。首先，該譯本是由兩位資深譯者聯手從原文直接翻譯而來，他們精通漢語，並且對促生和形成該作品的時代背景，當時的文化及神學思潮有深入研究[1]。假如沒有相應的解釋學作為工具，以瞭解其歷史背景，性質及目的，文本內容及架構，神哲學及文化基礎、語言及風格等，就不能輕易地領悟著作深邃的內涵及意義。

　　柯毅林（Gianni Criveller）及奧覓德傑出地完成了此項任務，他們各自以具有重大科學價值的前言、導言，提供了正確閱讀利氏著作必不可少的解讀鎖鑰。柯毅林撰寫的有關《天主實義》的成因及其目的的歷史評判分析，尤其側重該「要理書」的特有性質，使我們可以把該著作放在合適的位置，即放在利瑪竇神父時代，耶穌會士在中國，乃至整個東方傳教工作的大背景下。奧覓德撰寫的導言旁徵博引，也是至關重要。他使人看到當時經典的文哲思想彌漫在字裏行間，構成整部作品的經緯和脈絡，作者遵循了當時盛行的寫作規則，巧妙地運用中士與西士（利瑪竇）對話的形式，以達到本書預期的目的。

　　譯文的質量及有效性，導言的豐富及廣泛性，使該出版物成為價值不

1　Non mancano altre traduzioni in lingua italiane, come quella curata da Alessandra Chiricosta, *Matteo Ricci. Il Vero significato del "Signore del Cielo"*, Urbaniana University Press, Roma 2006, 320, ma certamente questa nuova traduzione consente una migliore comprensione del testo e appare maggiormente fedele ai significati originari.

菲的研究作品，從而不斷發現利瑪竇神父的光輝形象，並豐富了探險式
的學習及研究[2]。該書被作者自己認為是他最重要的工作，最有效的工具，
以實現他在中國的使命，而這使命也正是他整個生命的目標：以偉大的中
華民族的文化和精神遺產為出發點，開闢一條福傳的道路，引導中國人民
皈依主。瑪切拉塔的耶穌會士在最古老和純正的儒家傳統內找到了它。假
如不瞭解此著作形成的複雜過程及其豐富的內涵，從所採用的方法而言，
就遠遠超出了內容，一個人是不能真正領悟利瑪竇神父的文化工程及其
傳教天賦的[3]。不少對利瑪竇神父所做事業的闡釋或陳述，既沒有給予這本
書應當的重視，也沒充分考慮作者自身原本要給予它的意義，最終導致
給利瑪竇神父的定位不當或過於片面，將他的形象慢慢地減縮到一個偉大
的人道主義者、科學家或哲學家[4]。該著作不但深刻展現出其文化底蘊，也
完全表露出利瑪竇神父的傳教熱忱，以及他為傳揚福音，開闢新路的創新
能力。

只有考慮到利瑪竇神父如何在全新的社會文化背景下，致力於傳揚信
仰的使命，才可以理解他所付出的巨大努力及所做的驚人壯舉。本篤十六
世在與媒體工作者交談時曾說：「我想提醒大家，同許多其他媒體工作者
的形象一起，作為現代中國的福傳主角——利瑪竇神父，我們已慶祝了他
逝世四百週年。在他傳播基督福音的工程中，一直都以人為出發點，且考
慮到他的文化和哲學背景、他的價值、他的語言，採納其傳統內積極向上

---

2 La bibliografia su P. Matteo Ricci è ormai vastissima e difficile da riassumere. Per
una visione sintetica della vita e dell'opera del gesuita maceratese rimandiamo ad
una delle pubblicazioni più recenti dotata di un buona bibliografia: Ronnie Po-chia
Hsia, *Un gesuita nella città proibita. Matteo Ricci, 1552-1610*, Mulino, Bologna
2012, 420, (Edizione originale: *A Jesuit in the Forbidden City. Matteo Ricci 1552-
1610*, Oxford University Press, Oxford 2010).

3 Cf. Claudio Giuliodori-Roberto Sani (a cura di), *Scienza Ragione Fede. Il genio di P.
Matteo Ricci*, EUM, Macerata 2012, 436. In questo volume, che raccoglie gli Atti
del Convegno Internazionale in occasione del IV Centenario della Morte di P.
Matteo Ricci, Roma (2 marzo) - Macerata (4-6 marzo) 2010, molti degli interventi
affrontano il valore contenutistico e metodologico di questa opera di P. Matteo Ricci
(Cf. gli scritti di Ruini, Corsi, Criveller, Di Giorgio, Olmi, Jing, Chiricosta, Tsang
Hing-to).

4 È questa la prospettiva in cui sostanzialmente continua a muoversi la lettura offerta
da alcuni studiosi e in particolare da Filippo Mignini. Cf. introduzione al volume da
lui curato *Humanitas. Attualità di Matteo Ricci. Testi, fortuna, interpretazioni*, Ed.
Quodlibet, Macerata 2011, 21-45.

的一切，並以基督的真理和智慧將之提升完善」[5]。

　　要理書《天主實義》於 1603 年在大明京都正式的出版，標誌著利瑪竇神父和他的同會弟兄們的福傳工作已進入了成熟階段，並取得了巨大成功，因為他們抵達北京，並從那裡自皇帝開始，向外輻射傳揚福音的夢想已經成真。利瑪竇在不同文化之間對話的典範，即落實了文化福傳和信仰本土化，在此書中達到巔峰，而且在許多方面對我們這個時代仍然是有效的榜樣[6]。

　　教宗在其他重要演講中，尤其在利瑪竇逝世四百週年（2010）慶祝活動之際，經常強調這方面絕非偶然。我們可在 2009 年為慶祝開幕儀式致瑪切拉塔教區主教的信函中找到解讀鎖鑰，教宗這樣說：「鑒於他嚴謹的科學與宗教事業，及其充實的靈性生活，我們不能不被其創新與獨特的才能所打動，他極富尊重地接受了中國文化傳統與其道德生活中的一切。事實上，正是由這種態度彰顯了他的使命特色，就是在數千年璀璨的中華文明與基督信仰的新穎性之間，努力探索著彼此和諧的可能。基督信仰是解放與振興每一個社會的真正酵母，福音是使所有人得救的普遍訊息，不論他是來自何種文化與宗教信仰。……儘管利瑪竇神父遇到了很多的困難與誤解，但是他至死都忠貞不渝地將這種福傳風格付諸實行，可以說他貫徹的是科學的方法論，以及牧靈工作的策略。他一方面建基於尊重當地人的正當習俗，就是新領洗入教的信友們在接受了基督信仰後，也不必放棄他們自己的健康習俗；另一方面他又清楚地意識到，啟示的真理可以將其更進一步地昇華與補充。正是憑著這種堅強的信念，就如同教父們面對福音與希臘羅馬文化相遇時所作的一樣，他高瞻遠矚，努力與該國的文人學士們尋求恒久的默契，為基督信仰在中國的本位化工作奠定了基礎」[7]。

5　Benedetto XVI, *Discorso alla Plenaria del Pontificio Consiglio delle Comunicazioni Sociali*, 28 febbraio 2011.

6　Cf. Benedetto XVI, Lettera ai vescovi, ai presbiteri, alle persone consacrate e ai fedeli laici della Chiesa cattolica nella Repubblica popolare Cinese, 27 maggio 2007, n. 4. Il Santo Padre indica in P. Matteo Ricci un modello da seguire anche per affrontare le sfide odierne e cita le parole a sua volta pronunciate dal predecessore circa l'attualità del grande apostolo della Cina (Cf. Giovanni Paolo II, Messaggio *Con intima gioia*, ai partecipanti al Convegno Internazionale su Matteo Ricci: per un dialogo tra Cina e Occidente, 24 ottobre 2001)

7　Benedetto XVI, *Messaggio a S. E. Mons. Claudio Giuliodori, Vescovo di Macerata-Tolentino-Recanati-Cingoli-Treia, per l'apertura delle celebrazioni del IV Centenario della morte di Padre Matteo Ricci S.J.*, 6 maggio 2009.

　　關於這點，教宗所作的對比說明也能幫助我們理解由利瑪竇神父奠基的劃時代工程的深度和重要性。就像初期教會的福傳使命與希臘羅馬文化的相遇深具決定性，同樣在近代開始之際，與不同文化進行比較的重要性亦不遜色，特別是與中國文化相遇時，利瑪竇扮演了第一位且卓越非凡的主角。他的方法源自於審慎考慮，且充分利用中國文化傳統固有的智慧和真理的種子，並以此為出發點，他認為這樣更容易將福音真理的新穎和圓滿彰顯出來。利瑪竇充分認識到那讓中國人感到驕傲的文化、哲學、道德的偉大遺產。福音不能簡單地疊加在此偉大文化之上，更不能與之衝突，只能落地生根，於是他在源遠流長的儒家傳統中找到更加肥沃的土壤。不可將利瑪竇的偉大工程簡單化，更不能認為只是混合宗教（sincretismo）。有一點他十分清楚，「要理」——不應誤解該術語，柯毅林在前言中已經解釋過了——被稱作《天主實義》，僅是為功能性給予道德及神學平臺的定義，即為使人接納，只針對新領洗教友才宣講的，基督教義做準備。在強有力地辯駁佛道二教的同時，他在儒家思想中找出有用的哲學基礎，以宣揚真正的宗教，但他絕不向混合宗教做任何妥協，對其外在形式也不留餘地[8]。

　　正值利瑪竇神父逝世四百週年之際，本篤十六世在 2010 年 5 月 29 日的一次講話中，再次強調利神父以熱忱和才華所獨創的反思：「利瑪竇神父是宣講福音及與本地文化對話最成功的一例，成為在清晰的教義與謹慎的牧靈工作之間掌握中庸之道的典範。……這位傳教士的工作擁有不可分割的兩方面：宣講福音的中國本位化和引進西方文化及科學到中國。通常在科學方面，會獲得人們的更多讚譽，但不可忘記利瑪竇神父是在怎樣的歷史背景下，開始了他與世界及中華文化的關係；人文主義主張，需要在歷史大環境下認識一個人。他培養道德與精神的價值，利用了中國傳統內具有積極意義的一切事物，並無償提供西方文化的精華，更奉獻了基督的真理與智慧，將中國文化豐富。利瑪竇不是為把西方科學與文化帶到中國，而是為把福音帶到中國，好使人認識天主。他寫道：『二十多年來，我每日早晚都含著眼淚向上天祈禱，我知道天主憐憫眾生並寬恕他們……

8　Franco Di Giorgio, *La porta aperta. Il dialogo di Padre Matteo Ricci con le religioni cinesi*, Supplementi di Firmana. Quaderni di Teologia e Pastorale, Cittadella, Assisi 2011, 237.

但世人卻不能直觀地瞭解該真理，此外，也不習慣反省這類問題」（參閱《天主實義》）」[9]。

　　在本篤十六世發表的關於利瑪竇神父的一次講話中，曾引用這部作品前言中的一段話，瑪切拉塔傳教士概括說明自己寫這部重要著作的緣由和內容。顯而易見，利瑪竇採用的方法在當時的傳教實踐中，真是「哥白尼式的革命」，正因如此，在許多方面他可以被看作今日教會特別強調的新福傳的先驅和楷模。通過充滿激情、環環緊扣主題的對話，討論信仰和人類生存意義的重大主題：從受造物的意義與天主對宇宙萬物的權利開始；駁斥有關對天主的錯誤觀念；證明人類靈魂的不朽和輪迴轉世的虛假；闡釋德行、齋戒、司鐸獨身的意義，以及人死後審判的重要性；解釋天主如何在特定的歷史時期取了人的形體成為有形可見的；闡明人類生存的終極目的在於修德成聖，止於至善。

　　這部作品的結局十分感人，由此我們可以認識到利瑪竇傳教方式的有效性，在他感同身受地與對話者一起進入其文化、歷史、感情、經驗的基礎上，藉著緊扣主題且熱情洋溢的對話，使基督信仰的真理呈現出來，對人找尋真理與幸福的疑問，給予全面真實地答覆。西士給出的理由是如此令人信服，以至於中士在結尾時表達了他皈依基督宗教的願望：「我願回家沐浴之後，再來領受天主真經，拜先生為我的老師，進入聖教會之門。因為我已經清楚知道除這門外，今世找不到其他的正道，來世也得不到天堂的真正福樂。不知尊師許否？」面對此請求，西士（利瑪竇神父）回答說：「天主所厭惡的是內心的罪愆，因此，聖教會有入門之聖水，凡是願意信從此道的人，要先深悔過去所犯的罪過，並誠心誠意改過遷善而領受洗禮，他將獲得天主的慈愛，而完全赦免其從前的罪過，就如同初生的嬰兒一般」[10]。

9 Benedetto XVI, *Discorso in occasione dell'udienza speciale concessa alla Diocesi di Macerata-Tolentino-Recanati-Cingoli-Treia per il IV Centenario della morte di P. Matteo Ricci*, Aula Paolo VI, 29 maggio 2010。譯者引用原文：「二十餘年，旦夕瞻天泣禱：仰惟天主矜宥生靈……天主道在人心，人自不覺，又不欲省。」

10 Matteo Ricci, *Catechismo. Il vero significato di "Signore del Cielo"*, traduzione e a cura di 孫旭義 Sūn Xùyì e Antonio Olmi, nn. 592-593, ESD, Bologna 2013, 465。譯者引用原文：「中士：稽其時則合，稽其人則通，稽其事則又無疑也。某願退舍沐浴而來領天主真經，拜為師，入聖教之門。蓋已明知此門之外，今世不得正道，後世不得天福也。不知尊師許否？西士：天主所惡乃心咎耳。故聖教

　　臨終前，利瑪竇神父留給他同會兄弟們一扇「敞開的門」[11]，但那福傳的夢想，期望著中國的皈依，在許多方面可以說依舊如故，也許它至今還沒有實現，是因為我們不懂得步武他的芳蹤。那扇已敞開的大門，儘管過了整整四個世紀，依然在詢問著我們。它是深具啟發性，並且不斷邀請我們的一扇門，使我們能生活現在，也能建設未來。我們以無比感激的心紀念慶祝利瑪竇神父，也企盼他的聖德早日得到公認。願他的遺產為全人類的益處、為福音的廣傳天下，繼續結出豐碩的果實。

　　1630 年艾儒略神父用漢語編撰的第一本利瑪竇傳記，李九標為其寫的序今日也同樣地適用於我們：「利子令我心神嚮往，雖然不能作他同時代的人感覺甚是遺憾，不過有幸讀到這篇傳記，彷彿就在同堂可作揖問候。因思古今有志之士，古聖先賢之正言善行，能欽佩仿傚於百代，與之為友至千秋」[12]。正如李九標先生所言，儘管我們無法作利瑪竇神父同時代的人，但能夠，且應該在腦海裏、心靈中、精神上與他心照神交。

　　《天主實義》是利瑪竇神父最重要的作品，新近翻譯的這本書鼓舞激勵著我們重新致力於已開始的旅程，堅定不移地相信利瑪竇神父的方法，不僅仍然具備非凡的力量和實效，而且也可能是使基督信仰的新穎性融入偉大而又豐富的中國文化傳統中的唯一路徑。

孫旭義　謹譯

有造門之聖水，凡欲從此道，先深悔前時之罪過，誠心欲遷於善，而領是聖水，即天主慕愛之，而盡免舊惡，如孩之初生者焉。」

11 Cf. Matteo Ricci, *Della entrata della Compagnia di di Gesù e Christianità nella Cina*, Quodlibet, Macerata 2000, cap. XXI, 606。1610 年 5 月 11 日，在北京利瑪竇神父臨終之前，留給耶穌會同會兄弟們的最後一句話，可詮釋他非凡的傳教事業的意義及其重要性。他告訴他們說：「我的功績就是留給你們一扇已敞開的大門，但並非沒有重重危險與磨難。」他告訴大家自己所完成的工作只不過是為中國的福傳及東西方之間對話奠定了基礎。同時指出，僅僅是打開了門，但是仍有許多工作要做。這句話今天仍然非常適用，它提醒所有欽佩他的事業，並願意步武其芳蹤的人要記住這個交託的任務。

12 Giulio Aleni, *Vita del Maestro Ricci Xitai del Grande Occidente* (1630). Traduzione e note a cura di Gianni Criveller, Fondazione Civiltà Bresciana-Centro Giulio Aleni, Brescia 2010, 86。譯者引用原文，李九標的讀先生後傳：「惟是私心嚮往，能無生不同時之慨何幸得讀斯篇，恍若恭挹同堂也。因思古今有志之士，得先正遺言往行，莫不能私淑百代，尚友千秋。」

《基督教文化研究丛书》

主编：何光沪、高师宁

（1-8 编书目）

初　编

（2015 年 3 月出版）

ISBN：978-986-404-209-8　　　　　定价（台币）$28,000 元

册　次	作　者	书　名	学科别（／表示跨学科）
第 1 册	刘　平	灵殇：基督教与中国现代性危机	社会学／神学
第 2 册	刘　平	道在瓦器：裸露的公共广场上的呼告——书评自选集	综合
第 3 册	吕绍勋	查尔斯·泰勒与世俗化理论	历史／宗教学
第 4 册	陈　果	黑格尔"辩证法"的真正起点和秘密——青年时期黑格尔哲学思想的发展（1785 年至 1800 年）	哲学
第 5 册	冷　欣	启示与历史——潘能伯格系统神学的哲理根基	哲学／神学
第 6 册	徐　凯	信仰下的生活与认知——伊洛地区农村基督教信徒的文化社会心理研究（上）	社会学
第 7 册	徐　凯	信仰下的生活与认知——伊洛地区农村基督教信徒的文化社会心理研究（下）	
第 8 册	孙晨荟	谷中百合——傈僳族与大花苗基督教音乐文化研究（上）	基督教音乐
第 9 册	孙晨荟	谷中百合——傈僳族与大花苗基督教音乐文化研究（下）	

册 次	作 者	书 名	学科别
第 10 册	王 媛	附魔、驱魔与皈信——乡村天主教与民间信仰关系研究	社会学
	蔡圣晗	神谕的再造，一个城市天主教群体中的个体信仰和实践	社会学
	孙晓舒 王修晓	基督徒的内群分化：分类主客体的互动	社会学
第 11 册	秦和平	20 世纪 50－90 年代川滇黔民族地区基督教调适与发展研究（上）	历史
第 12 册	秦和平	20 世纪 50－90 年代川滇黔民族地区基督教调适与发展研究（下）	
第 13 册	侯朝阳	论陀思妥耶夫斯基小说的罪与救赎思想	基督教文学
第 14 册	余 亮	《传道书》的时间观研究	圣经研究
第 15 册	汪正飞	圣约传统与美国宪政的宗教起源	历史／法学

二 编 （2016 年 3 月出版）

ISBN：978-986-404-521-1　　　　　　定价（台币）$20,000 元

册 次	作 者	书 名	学科别（／表示跨学科）
第 1 册	方 耀	灵魂与自然——汤玛斯·阿奎那自然法思想新探	神学／法学
第 2 册	刘光顺	趋向至善——汤玛斯·阿奎那的伦理思想初探	神学／伦理学
第 3 册	潘明德	索洛维约夫宗教哲学思想研究	宗教哲学
第 4 册	孙 毅	转向：走在成圣的路上——加尔文《基督教要义》解读	神学
第 5 册	柏斯丁	追随论证：有神信念的知识辩护	宗教哲学
第 6 册	李向平	宗教交往与公共秩序——中国当代耶佛交往关系的社会学研究	社会学
第 7 册	张文举	基督教文化论略	综合
第 8 册	赵文娟	侯活士品格伦理与赵紫宸人格伦理的批判性比较	神学伦理学
第 9 册	孙晨荟	雪域圣咏——滇藏川交界地区天主教仪式与音乐研究（增订版）（上）	基督教音乐
第 10 册	孙晨荟	雪域圣咏——滇藏川交界地区天主教仪式与音乐研究（增订版）（下）	
第 11 册	张 欣	天地之间一出戏——20 世纪英国天主教小说	基督教文学

三　编 （2017 年 9 月出版）

ISBN：978-986-485-132-4　　　　　　　　定价（台币）$11,000 元

册　　次	作　者	书　　名	学科别（／表示跨学科）
第 1 册	赵　琦	回归本真的交往方式——托马斯·阿奎那论友谊	神学／哲学
第 2 册	周兰兰	论维护人性尊严——教宗若望保禄二世的神学人类学研究	神学人类学
第 3 册	熊径知	黑格尔神学思想研究	神学／哲学
第 4 册	邢　梅	《圣经》官话和合本句法研究	圣经研究
第 5 册	肖　超	早期基督教史学探析（西元 1~4 世纪初期）	史学史
第 6 册	段知壮	宗教自由的界定性研究	宗教学／法学

四　编 （2018 年 9 月出版）

ISBN：978-986-485-490-5　　　　　　　　定价（台币）$18,000 元

册　　次	作　者	书　　名	学科别（／表示跨学科）
第 1 册	陈卫真高　山	基督、圣灵、人——加尔文神学中的思辨与修辞	神学
第 2 册	林庆华	当代西方天主教相称主义伦理学研究	神学／伦理学
第 3 册	田燕妮	同为异国传教人：近代在华新教传教士与天主教传教士关系研究（1807~1941）	历史
第 4 册	张德明	基督教与华北社会研究（1927~1937）（上）	社会学
第 5 册	张德明	基督教与华北社会研究（1927~1937）（下）	
第 6 册	孙晨荟	天音北韵——华北地区天主教音乐研究（上）	基督教音乐
第 7 册	孙晨荟	天音北韵——华北地区天主教音乐研究（下）	
第 8 册	董丽慧	西洋图像的中式转译：十六十七世纪中国基督教图像研究	基督教艺术
第 9 册	张　欣	耶稣作为明镜——20 世纪欧美耶稣小说	基督教文学

五 编 （2019 年 9 月出版）

ISBN：978-986-485-809-5　　　　　　　　定价（台币）$20,000 元

册　次	作　者	书　名	学科别（／表示跨学科）
第 1 册	王玉鹏	纽曼的启示理解（上）	神学
第 2 册	王玉鹏	纽曼的启示理解（下）	
第 3 册	原海成	历史、理性与信仰——克尔凯郭尔的绝对悖论思想研究	哲学
第 4 册	郭世聪	儒耶价值教育比较研究——以香港为语境	宗教比较
第 5 册	刘念业	近代在华新教传教士早期的圣经汉译活动研究（1807～1862）	历史
第 6 册	鲁静如王宜强编著	溺女、育婴与晚清教案研究资料汇编（上）	资料汇编
第 7 册	鲁静如王宜强编著	溺女、育婴与晚清教案研究资料汇编（下）	
第 8 册	翟风俭	中国基督宗教音乐史（1949 年前）（上）	基督教音乐
第 9 册	翟风俭	中国基督宗教音乐史（1949 年前）（下）	

六 编 （2020 年 3 月出版）

ISBN：978-986-518-085-0　　　　　　　　定价（台币）$20,000 元

册　次	作　者	书　名	学科别（／表示跨学科）
第 1 册	陈倩	《大乘起信论》与佛耶对话	哲学
第 2 册	陈丰盛	近代温州基督教史（上）	历史
第 3 册	陈丰盛	近代温州基督教史（下）	
第 4 册	赵罗英	创造共同的善：中国城市宗教团体的社会资本研究——以 B 市 J 教会为例	人类学
第 5 册	梁振华	灵验与拯救：乡村基督徒的信仰与生活（上）	人类学
第 6 册	梁振华	灵验与拯救：乡村基督徒的信仰与生活（下）	
第 7 册	唐代虎	四川基督教社会服务研究（1877～1949）	人类学
第 8 册	薛媛元	上帝与缪斯的共舞——中国新诗中的基督性（1917～1949）	基督教文学

七　编 （2021 年 3 月出版）

ISBN：978-986-518-381-3　　　　　　　　定价（台币）$22,000 元

册　次	作　者	书　名	学科别 （／表示跨学科）
第 1 册	刘锦玲	爱德华兹的基督教德性观研究	基督教伦理学
第 2 册	黄冠乔	保尔．克洛岱尔天主教戏剧中的佛教影响研究	宗教比较
第 3 册	宾静	清代禁教时期华籍天主教徒的传教活动（1721～1846）（上）	基督教历史
第 4 册	宾静	清代禁教时期华籍天主教徒的传教活动（1721～1846）（下）	
第 5 册	赵建玲	基督教"山东复兴"运动研究（1927～1937）（上）	基督教历史
第 6 册	赵建玲	基督教"山东复兴"运动研究（1927～1937）（下）	
第 7 册	周浪	由俗入圣：教会权力实践视角下乡村基督徒的宗教虔诚及成长	基督教社会学
第 8 册	查常平	人文学的文化逻辑——形上、艺术、宗教、美学之比较（修订本）（上）	基督教艺术
第 9 册	查常平	人文学的文化逻辑——形上、艺术、宗教、美学之比较（修订本）（下）	

八　编 （2022 年 3 月出版）

ISBN：978-986-404-209-8　　　　　　　　定价（台币）$45,000 元

册　次	作　者	书　名	学科别 （／表示跨学科）
第 1 册	查常平	历史与逻辑：逻辑历史学引论（修订本）（上）	历史学
第 2 册	查常平	历史与逻辑：逻辑历史学引论（修订本）（下）	
第 3 册	王澤偉	17～18 世纪初在華耶穌會士的漢字收編：以馬若瑟《六書實義》為例（上）	语言学
第 4 册	王澤偉	17～18 世纪初在華耶穌會士的漢字收編：以馬若瑟《六書實義》為例（下）	
第 5 册	刘海玲	沙勿略：天主教东传与东西方文化交流	历史

第 6 册	郑媛元	冠西东来——咸同之际丁韪良在华活动研究	历史
第 7 册	刘影	基督教慈善与资源动员——以一个城市教会为中心的考察	社会学
第 8 册	陈静	改变与认同：瑞华浸信会与山东地方社会	社会学
第 9 册	孙晨荟	众灵的雅歌——基督宗教音乐研究文集	基督教音乐
第 10 册	曲艺	默默存想，与神同游——基督教艺术研究论文集（上）	基督教艺术
第 11 册	曲艺	默默存想，与神同游——基督教艺术研究论文集（下）	
第 12 册	利瑪竇著、梅謙立漢注 孫旭義、奧覓德、格萊博基譯	《天主實義》漢意英三語對觀（上）	经典译注
第 13 册	利瑪竇著、梅謙立漢注 孫旭義、奧覓德、格萊博基譯	《天主實義》漢意英三語對觀（中）	
第 14 册	利瑪竇著、梅謙立漢注 孫旭義、奧覓德、格萊博基譯	《天主實義》漢意英三語對觀（下）	
第 15 册	刘平	明清民初基督教高等教育空间叙事研究——中国教会大学遗存考（第一卷）（上）	资料汇编
第 16 册	刘平	明清民初基督教高等教育空间叙事研究——中国教会大学遗存考（第一卷）（下）	